Träger *seiner* Gegenwart

Bill Johnson

Träger *seiner* Gegenwart

Die Pläne des Himmels enthüllen

Grain PRESS
Inspiration hat viele Seiten

Originally published in English under the title:
„Hosting the presence“
published by DESTINY IMAGE® PUBLISHERS, INC.
P.O. Box 310, Shippensburg, PA 17257-0310

Deutsche Ausgabe:
© 2013 Grain-Press, Verlag des Fördervereins Grain-House e.V.
Marienburger Str. 3
71665 Vaihingen/Enz
eMail: verlag@grain-press.de
Internet: www.grain-press.de

Übersetzung aus dem Englischen:
Übersetzung Verena Borrmann
Lektorat Heike Ebinger
Satz: Grain-Press
Cover: Grain-Press, Adaption der Originalvorlage.
Druck: Schönbach Druck, Erzhausen.

Bibelzitate sind, falls nicht anders angegeben, der Luther Bibel 1984 entnommen.

Das Buch folgt den Regeln der Deutschen Rechtschreibreform. Die Bibelzitate wurden diesen Rechtschreibregeln angepasst.

ISBN 978-3-5940538-246
(Amerikanische Originalausgabe: ISBN 978-0-7684-3863-5)

Bücher von Bill Johnson im Grain-Press Verlag:

Und der Himmel bricht herein

Gottes Angesicht sehen

Das persönliche Krafttraining im Herrn

Neues Denken, Neue Vollmacht

Momentum

Träger Seiner Gegenwart

Geistlicher Esspresso (Erscheint April.2013)

Natürlich Übernatürlich (Erscheint Mai 2013)

Widmung

Ich widme „Träger Seiner Gegenwart" Dr. Heidi Baker von Iris Ministries International. Ich weiß, dass es nicht üblich ist, das Buch der Person zu widmen, die das Vorwort geschrieben hat, aber in diesem Fall muss ich das so machen. Heidi Baker ist eine der außergewöhnlichsten Personen, die ich je getroffen habe. Ihre Fähigkeit sich selbst den Ärmsten der Armen und den Zerbrochensten der Zerbrochenen zu geben, lässt sie aus einer Welt von Diensten herausstechen, die nach Erfolg suchen, indem sie sich an die Erfolgreichen richten. Glücklicherweise gibt es eine wachsende Anzahl von Individuen, die auf diese Weise dienen, wie es Heidi auf der ganzen Welt vorgelebt hat. Sie verdienen unsere Liebe und Unterstützung. Doch Heidis Einzigartigkeit kommt von ihrer Fähigkeit auch den Reichsten der Reichen zu dienen, und zwar ohne den Hintergedanken, dass sie das, was sie haben, für ihren

Dienst haben möchte. Und das tut sie mit einer weiteren extrem seltenen Qualität: Sie prangert sie nicht für ihren Erfolg an. Sie feiert ihn stattdessen.

Bevor ich Heidi getroffen hatte, wäre für mich die perfekte Beschreibung eines Christen, eine Person, die das Leben von sowohl Mutter Theresa als auch Kathryn Kuhlman verkörpert. Über die Jahre hinweg habe ich festgestellt, dass Heidi die gleichen Früchte trägt wie diese beiden Riesen der Kirchengeschichte. Sie lebt mit dem gleichen Maß an Barmherzigkeit und Vollmacht. Scheinbar hat sich meine Vorstellung perfekter erfüllt, als ich es ursprünglich für möglich gehalten hätte.

Ich hatte das unglaubliche Vorrecht zusammen mit Rolland und Heidi Baker auf der ganzen Welt zu dienen, auch an ihrem Heimatstandort Mosambik. Sie überraschen mich immer wieder. Eines der Dinge, die ich Tag für Tag und Jahr für Jahr beobachtet habe, ist, dass sie privat und in der Öffentlichkeit gleich sind: demütig, leidenschaftlich und ehrenvoll. Heidis Leidenschaft für die Gegenwart Gottes auf ihrem Leben ist der Antrieb für alles andere, wofür sie bekannt ist. Aus diesem Grund widme ich ihr dieses Buch. Sie lebt das Herz dieses Buches so tiefgreifend vor.

Iris Ministries hat Dienststandorte auf der ganzen Welt. Rolland und Heidi leben in Pemba, Mosambik.

(Natürlich schrieb sie das Vorwort ohne zu wissen, was ich mit der Widmung tun würde.)

Danksagungen

Ich möchte Mary Berck und Michael Van Tinteren dafür danken, dass sie einige der Nachforschungen angestellt haben, die für dieses Buch nötig waren. Das war eine unbezahlbare Hilfe für mich. Kristin Smeltzer und Shara Pradhan, eure selbstlose Arbeit, in der ihr meine Abschriften zusammengefügt habt, war von unschätzbarem Wert. Judy Franklin, Pam Spinosi und Dann Farrelly, jeder von euch hat eine einzigartige Rolle dabei gespielt, mir zu helfen, dieses Projekt zu überprüfen und zu überarbeiten. Danke euch allen!

Empfehlungen

In „Träger Seiner Gegenwart“ bewegt Bill Johnson Ihr Herz dazu, tiefer mit Ihm zu gehen. Er fordert Ihren Verstand heraus, für den Heiligen Geist ein neues, tieferes Verständnis zu entwickeln. Und er entfacht Ihren Geist mit einer glühenden Leidenschaft, Seine liebliche Gegenwart zu suchen und zu bewahren. Die Zeugnisse und die Wahrheiten, die in diesen inspirierenden Seiten stecken, werden Ihre Augen für eine völlig neue Dimension der Hingabe an den Heiligen Geist öffnen. „Träger Seiner Gegenwart“ ist ein Muss für jeden Gläubigen, der Jesus so lieben und ehren will, wie Gott es in ihn hineingelegt hat.

Ché Ahn
Hauptpastor HROCK Church, Pasadena, Kalifornien
Präsident Harvest International Ministry
Internationaler Rektor Wagner Leadership Institute

Eine unserer höchsten Berufungen ist es, die Gegenwart der Taube Gottes zu bewahren. Die größte Freude und der größte Genuss in diesem Leben ist es, ein Ast zu sein, auf dem die Taube landen kann. Über die letzten Jahre hinweg hatte ich die Ehre beobachten zu können, wie der Heilige Geist über unterschiedlichen Gemeinden, Versammlungen, Städten und Nationen schwebt. Doch ich habe nur selten gesehen, dass eine Person, ein Ort oder ein Dienst zu einer Bleibe wird, wo der Gott des „Jetzt und Hier" ein Nest baut und landet, und nicht nur darüber schwebt. Dieses Buch ist voll von Lektionen und gegenwärtiger Geschichte eines liebevollen Mannes Gottes, namens Bill Johnson, und eines waghalsigen Volkes namens Bethel Church. Es ist eine Ehre, Ihnen diese Lektionen zu empfehlen, die dieses Team von Suchenden gelernt hat. Schließen Sie sich ihnen darin an, ein Volk zu sein, das die Gegenwart der Himmlischen Taube aufnimmt.

James W. Goll
Encounters Network, Prayer Storm, Compassion Acts
Autor von „The Seer", „A Radical Faith", „The Lost Art of Intercession", und viele mehr

Bill Johnsons neues Buch „Träger Seiner Gegenwart" ist ein sehr wichtiges Buch über das wichtigste Thema: Ihn erleben. Ich habe das Buch an einem Morgen durchgelesen und ich liebte es! Ich war begeistert von Bills persönlichen Erkenntnissen, gefangen von seinen aufschlussreichen Einzeilern und herausgefordert, als ich wieder einmal über andere große Leute Gottes las, und darüber, wie sie Ihn erlebten. Dieses Buch ist zur Nacheichung gedacht, um uns zu unserer ersten Liebe zurückzurufen und uns davor zu warnen, geringeren Dingen zu erlauben, uns das Wichtigste zu nehmen – die Beziehung mit Ihm. Ich glaube, dass dieses Buch ein klassisches Andachtsbuch unserer Zeit wird, so wie Andrew Murrays Schriften es für eine zurückliegende Generation waren. Sie wollen diese Lektüre nicht verpassen! Kaufen Sie sie und erleben Sie Ihn, wenn Sie die Weisheit eines modernen Generals des Glaubens in die Tat umsetzen. Ich glaube, dass dieses Buch auf der Bestsellerliste stehen würde, wenn man im Himmel Bücher lesen würde. Die Mystiker anderer Generationen hätten ihm fünf Sterne verliehen. Es würde sogar im Neuen Jerusalemer Nachrichtenblatt rezensiert werden.

Randy Clark
Autor von „There is more"
Co-Autor mit Bill Johnson in „Berufen zu heilen" und „Healing Unplugged"
Gründer von Global Awakening und dem apostolischen Netzwerk von Global Awakening

Nur eine handvoll Männer tragen diese besondere Salbung, die Bill Johnson trägt, um die Gegenwart Gottes hereinzubringen. Ich habe bei vielen Gelegenheiten die starken Wunder miterlebt, die ein Ergebnis dieser Gnade sind. Deshalb war ich von jeder Seite seines neuen Buches „Träger Seiner Gegenwart" völlig vereinnahmt und gesegnet. Es hat mir gedient, wie kein anderes Buch über die Gegenwart Gottes, das ich gelesen habe. Die Wellen von Gottes Herrlichkeit überwältigten mich, als ich auf jeder Seite von frischen Offenbarungen gefangen genommen wurde. Ich hatte Mose oder Gideon oder David noch nie auf diese Weise betrachtet. Und diese Offenbarungen gingen immer weiter. Das wird mein Handbuch für dieses Jahr. Ich kann nur sagen: Danke, Bill, und herzlichen Glückwunsch zu diesen Schätzen, die ans Tageslicht gekommenen sind! An alle Gläubigen, die hungrig nach mehr von Gottes Salbung sind und wie man sie verwaltet: Dieses Buch ist das, worauf Sie gewartet haben! Erstaunlich, genial, lebensverändernd.

Mahesh Chavda

Hauptpastor All Nations Church

Inhaltsverzeichnis

Vorwort

Bill Johnsons Buch „Träger Seiner Gegenwart" ist eines der mächtigsten Bücher, die ich je gelesen habe. Schon in Kapitel 1 war es um mich geschehen, und ich weinte und schrie nach mehr von der manifesten Gegenwart Gottes in meinem Leben. Ich war zermürbt von einem größeren Hunger danach, völlig von Gottes Herrlichkeit ergriffen zu sein und mit neuem Verlangen erfüllt zu werden, dass mein Leben sich durch Seine Gegenwart auszeichnet.

Bills Zeugnisse von Begegnungen mit Gott erinnerten mich an meine eigenen lebensverändernden Heimsuchungen. Ich erinnere mich an eine besonders kraftvolle Zeit während einer Veranstaltung in Toronto, Kanada, als ich vom Heiligen Geist überschattet wurde. Mein Freund Randy Clark predigte, und während seiner Predigt spürte ich so ein Verlangen nach dem, worüber er sprach, dass ich ohne Aufruf einfach nach vorne rannte und meine Arme zu Jesus emporstreckte. Ich erinnere mich daran, dass Randy sagte, Gott wolle wissen, ob ich das Land Mosambik haben will. Als ich schrie „Ja!“, überwältigte mich der Heilige Geist. Ich spürte, wie flüssige Liebe wie Stromschläge in mir pulsierte. Es war so kraftvoll, dass ich dachte, ich würde sterben. Sieben Tage und Nächte lang konnte ich weder gehen noch sprechen noch mich bewegen. Ich musste mich darauf verlassen, dass der Leib Christi mir bei allem behilflich war. In dieser Zeit lernte ich etwas über meine völlige Abhängigkeit nicht nur von Christus, sondern auch von Seinem Leib. Ich spürte, wie eine schwere, gesalbte Hand auf meiner Brust über meinem Herzen ruhte, und wie ein Fluss von Liebe ständig über mich hinwegfloss. Bis zu diesem Zeitpunkt hatte ich Liebe noch nie so kraftvoll erlebt.

Ich erfuhr später von meinem Mann, dass mir während dieser Zeit keiner die Hände aufgelegt hatte. Gott selbst hat Sein brennendes Herz leidenschaftlicher Liebe in mich hineingelegt. Diese Begegnung hat mein Leben für immer verändert, und ich war nur noch dazu zu gebrauchen, Jesu Herz und Gegenwart in die Dunkelheit dieser Welt zu tragen. Von diesem Tag an habe ich immer nach geöffneten Türen Ausschau gehalten um Ihn weiterzugeben. Der Herr ruft uns durch Bills Buch in eine vertraute Partnerschaft, in der wir Seine Herrlichkeit täglich in uns tragen. Ich glaube, dass Gott Sie an einen tieferen Ort der Liebe und Offenheit gegenüber dem Heiligen Geist führt, wenn Sie dieses Buch lesen, und dass Er Sie in Ihre eigenen, größeren, übernatürlichen Begegnungen mit Gott hineinzieht. Das Buch wird Sie lehren, die offenen Türen zu erkennen, die Er für Sie hat, und Seine Kraft und Gegenwart durch Ihr Leben freizusetzen.

Wir wurden zu solch einer innigen Gemeinschaft mit Ihm berufen, dass für uns alle Dinge möglich sind, weil wir glauben und dazu geschaffen worden sind, so wie Er zu sein. Wenn wir beginnen zu verstehen, dass Jesus alle Wunder auf der Erde als ein Mensch vollbracht hat, der von Seinem himmlischen Vater abhängig war, werden wir dazu eingeladen zu glauben, dass unser kleines Leben auf dieselbe Weise dazu gebraucht werden kann, die wunderbare Herrlichkeit Gottes zu tragen. Jesu Tod am Kreuz ermöglichte es der Menschheit, an einen Ort zu kommen, der zuvor verborgen gewesen war, ein Ort, wo die Menschen in der Gegenwart Gottes sind und das umsetzen können, was sie Ihn tun sehen. Als ich dieses Buch las, fühlte ich mich gedrängt, umso mehr voran zu preschen, bis in meinem Leben die gleichen Dinge passieren, die Jesus tat.

Als ich mir über die Jahre hinweg Bills Lehre angehört habe, wurde ich immer mehr ermutigt in neue Bereiche vorzudringen und zu glauben, dass wir durch die Kraft des Heiligen Geistes Dinge erleben können, von denen wir nie gedacht hätten, dass sie möglich sind. Seit ich Bill 1997 kennen gelernt habe, habe ich beobachtet, wie das Leben und die Kraft Gottes auf mächtige Weise durch ihn fließt. Wenn ich in Veranstaltungen war, in denen er gesprochen hat, habe ich immer die manifeste Gegenwart Gottes erlebt und bin an tiefere Orte der Hingabe gezogen worden. Es war eine großartige Inspiration für mich, Bills persönliches Leben der Vertrautheit und Hingabe an Gott zu sehen. Er ist einer der großzügigsten Menschen, den Rolland und ich je getroffen haben und er versucht immer, andere zu befähigen, sich mehr und mehr von Gott gebrauchen zu lassen. Er praktiziert einen Lebensstil von Hunger, Intimität und konstantem Bewusstsein von Gottes Gegenwart.

Ich empfehle unbedingt jedem Gläubigen, der sich danach sehnt, vom Heiligen Geist ergriffen zu sein, dieses Buch zu lesen und zu lernen, ein Leben zu leben, das sich um Seine Gegenwart dreht. Jesus sehnt sich danach, nicht nur auf ein paar Wenigen zu ruhen, sondern auf einer ganzen Generation von unaufhaltsamen, furchtlosen Dienern, die Ihn lieben. Diejenigen, die willig sind, sich Seiner grenzenlosen, unendlichen Liebe völlig zu beugen. Ich glaube, dass Jesus Ihre Fähigkeit Seine Gegenwart zu tragen erweitern wird, während Sie dieses Buch lesen. Er wird Ihr Herz mit Leidenschaft entzünden und Sie in neue Bereiche des Himmels versetzen. Sie werden an einen Platz des Friedens kommen, wenn Sie erkennen, dass auch Sie mit der ganzen Fülle Gottes gefüllt werden können.

Mögen Sie eine ewige Wohnstätte Gottes werden und mehr und mehr in ihren höchsten Auftrag hineinwachsen, die Gegenwart des Königs der Ehre zu bewahren!

Dr. Heidi Baker

Gründerin von Iris Globe

Einleitung

Ich habe noch nie lange Einleitungen für meine Bücher geschrieben, zum Teil deshalb, weil viele Leute die Einleitungen nicht lesen. Ein anderer Grund ist, dass ich das meiste von dem, was ich sagen will, lieber mit ins Buch nehmen will. Doch wenn ich Ihre Aufmerksamkeit auf eine Sache lenken will, wenn ich Ihnen dieses Buch vorstelle, dann ist es Psalm 27,4:

> *„Eine einzige Bitte habe ich an den Herrn. Ich sehne mich danach, solange ich lebe, im Haus des Herrn zu sein, um Seine Freundlichkeit zu sehen und in Seinem Tempel still zu werden.“*

Es ist wichtig, dass wir alle die „eine Sache“ finden, die zum Bezugspunkt für alle anderen Themen in unserem Leben werden kann. Und diese eine Sache ist die Gegenwart des allmächtigen Gottes, die auf uns ruht.

1

Der höchste Auftrag

Irgendetwas hat sich an der Atmosphäre, die den Apostel Petrus umgab, verändert. Einst stand er voller Furcht vor einem Dienstmädchen und leugnete, dass er Jesus überhaupt kannte (siehe Matthäus 26,69-70). Doch sein Lebensstil veränderte sich ziemlich dramatisch, nachdem er mit dem Heiligen Geist getauft wurde. Die Leute wurden nicht nur geheilt, wenn er für sie betete, sie schienen einfach gesund zu werden, wenn sie nur in seiner Nähe waren. Die Geschichten über diese Wunder sprachen sich herum, bis schließlich jemand seine tägliche Routine herausfand: Er ging zum Tempel um zu beten. Also brachten sie die Gelähmten und Kranken und reihten sie am Straßenrand auf, sodass sie von seinem Schatten geheilt werden konnten, wenn er vorbeiging (siehe Apostelgeschichte 5,15). Das geschah durch die Gegenwart Gottes, die auf ihm lag. Die Hoffnung war, dass sein Schatten auf sie fallen würde und sie geheilt werden. Schatten haben keine Substanz. Der Schatten war lediglich der Berührungspunkt für ihren Glauben. Und doch geschahen Wunder mit einem gewissen Maß an Beständigkeit, dass die Menschen begannen Menschen zu Paulus zu bringen.[1]

Jesus war dafür bekannt, dass Er Leute mit und ohne Gebet heilte. Manchmal sah es sogar so aus, wie wenn Er gar nicht an dem Wunder beteiligt gewesen wäre, das durch Ihn geschah. Den Berichten des Evangeliums zufolge scheint es damit angefangen zu haben, dass eine sehr kranke Frau die Gunst der Stunde sah und dachte, dass sie gesund werden würde, wenn sie nur Seinen Mantel berührte. Sie spürte, dass etwas Unsichtbares nur durch eine Berührung greifbar werden würde. Das hatte noch keiner zuvor gemacht. Es war auch nie ein Bericht über diesen Vorgang in den Anweisungen von Jesus „Wie man sein Wunder bekommt" aufgenommen worden. Er deutete auch niemals an, dass so etwas möglich war. Sie sah, wie Er wirkte und kam zu dem Schluss, dass Er etwas in Seiner Person trug, das man durch Berührung anzapfen konnte.

Es besteht kein Zweifel daran, dass in ihrem Herzen Glaube am Wirken war. Doch eine Person in ihrem Zustand wird sich selten bewusst über ihren Glauben sein. Der Fokus lag nicht auf ihr selbst, er lag auf Ihm. Als

---

1 Der Prozess, wie sich die Geschichte über die Salbung des heilenden Schattens von Petrus verbreitete, ist nur Spekulation. Das Ergebnis ist jedoch keine Mutmaßung und soll hier der alleinige Fokus sein.

Ergebnis davon war Glaube ihre natürliche Ausdrucksform. Nachdem sie Ihn berührt hatte, merkte sie, dass ihre Wahrnehmung gestimmt hatte und sie geheilt wurde (siehe Lukas 8,43-48).

Die Geschichte dieser einen Heilung verbreitete sich, bis die Leute überall erkannten, dass das eine legitime Art war geheilt zu werden: einfach nur irgendeinen Teil Seiner Kleidung berühren. Irgendwann wurde dies das Ziel der Versammlung, als die Leute Ihn baten, *„sie nur den Saum Seines Gewandes berühren zu lassen. Und alle, die Ihn berührten, wurden geheilt." (Markus 6,56)*

Stellen Sie sich die Menschenmassen vor! Manchmal waren es Tausende, die versuchten, die Kleidung dieses einen Mannes zu berühren. Die Schrift bezeugt, dass jeder ein Wunder erlebte, der Seine Kleidung mit dieser Absicht berührte.

Es gab eine Zeit im Leben des Apostel Paulus, als er von Wundern zu außergewöhnlichen Wundern aufstieg. Es ist erstaunlich, dass der Bereich der Wunder so normal werden kann, dass Lukas unter der Eingebung des Heiligen Geistes eine gesonderte Kategorie erfinden musste um die neuen Wunder zu beschreiben. Sie wirken auf einer höheren Ebene des Geheimnisses der Salbung und der Autorität. Das ereignete sich in Ephesus. Die Bibel berichtet es so: *„Und ungewöhnliche Wunderwerke tat Gott durch die Hände des Paulus." (Apostelgeschichte 19,11; Elberfelder)* In dieser Zeit übertrafen die Wunder das, was bei Jesus passierte, wenn die Leute einfach nur Seine Kleidung berührten. Die Dinge hatten sich weiter entwickelt, sodass sie ein Kleidungsstück von Paulus zu den Kranken und Gelähmten bringen konnten und sie von ihrer Krankheit geheilt und/oder von Dämonen befreit wurden. Ein ganz besonderer Aspekt bei der Beschreibung in der Bibel ist, dass diesen Wundern zugeschrieben wird, dass sie *„durch die Hände des Paulus"* geschahen, obwohl sie in großer Entfernung von Paulus passierten.

Diese Geschichten sind außergewöhnlich. Sie geben uns Einblick in die Wege des Heiligen Geistes. Doch wir müssen erst lernen, in dem zu leben, was uns schon offenbart wurde. Ich glaube, dass das auch darauf hindeutet, dass es Wege des Heiligen Geistes gibt, die erst noch entdeckt werden müssen. Diese ungewöhnlichen Methoden zeigen uns, wie Er handelt. Nichts davon passierte, weil man den Leuten die Anweisung gegeben hatte, sich auf diese Weise zu verhalten. Es gab auch keine Hinweise, durch diese ungewöhnlichen Methoden Zugriff auf Seine Gegenwart und Seine Kraft zu bekommen. Die Menschen beobachteten etwas Übernatürliches und reagierten darauf mit Glauben. Der Glaube sieht und reagiert auf unsichtbare Wirklichkeiten. Jede dieser Personen, die an einem dieser Wunder beteiligt waren, hatten mit Glauben gegenüber Petrus, Jesus und Paulus und dem was auf ihnen lag, reagiert.

Das zeigt uns auch, wie durch einfachen Glauben und Gehorsam auf die unsichtbaren Realitäten des Königreiches zugegriffen werden kann. Glaube kommt nicht aus dem Verstand, er kommt aus dem Herzen. Und doch hilft ein erneuertes Denken unserem Glauben durch ein Verständnis des Unsichtbaren. Die jeweiligen Sichtweisen der Menschen, mit denen sie ihr Wunder empfangen haben, waren kein Ergebnis von jahrelangem Studium und Gebet (was natürlich einen großen Wert in unserem Leben hat, aber einem anderen Zweck dient). Sie waren Ergebnisse der Gegenwart Gottes durch den Heiligen Geist, die sichtbar wurde und auf den Menschen ruhte.

Es ist an der Zeit, dass diese außergewöhnlichen Geschichten nicht länger die Ausnahme sind. Es ist an der Zeit, dass sie zur Regel werden, zur neuen Norm. Das ist der Schrei meines Herzens. Es ist die größte Herausforderung im Leben eines Christen, zu lernen, die Gegenwart Gottes zu bewahren.

Der perfekte Gast

Bedenken Sie, was Maria und Josef fühlten, als sie hörten, dass Maria Gottes Sohn gebären würde; Jesus, den Christus. Er würde in ihrem Zuhause wie ihr Eigen aufwachsen und für eine Bestimmung erzogen werden, die sich ihres Verständnisses und ihrer Kontrolle entzog. Dieser Jesus war ganz Gott, und doch auch ganz Mensch.

Als ob die Aufgabe, den „Perfekten" aufzuziehen nicht schon beängstigend genug gewesen wäre. Wie musste es sich anfühlen, Ihn zu verlieren? Das ist wirklich passiert.

Josef und Maria hatten den Brauch, jedes Jahr zum Passafest nach Jerusalem zu gehen. Nachdem die Festlichkeiten abgeschlossen waren, machten sie sich auf den Rückweg nach Nazareth. Als sie einen ganzen Tag gereist waren, stellten sie fest, dass Jesus, der damals erst zwölf Jahre alt war, nicht bei ihnen war. Josef und Maria hatten noch nicht einmal ihre Aufgabe vollendet Ihn zu erziehen, als Jesus verloren ging. Er hatte beschlossen, noch in Jerusalem zu bleiben und den religiösen Führern einige Fragen zu stellen. Das tat Er ohne um Erlaubnis zu fragen. Als sie sich austauschten, bemerkten sie, dass keiner von ihnen Jesus an diesem Tag gesehen hatte. Sie hatten angenommen, dass er bei anderen Verwandten oder Reisegefährten in der Karawane war. Das war ein Augenblick großer Besorgnis. Sie hatten Gott verloren!

Es vergingen drei Tage, bevor sie Ihn fanden. Ich kann mir nicht vorstellen, dass sie sich so sehr von dem Rest von uns unterschieden. Ich würde mich zunächst über mich selbst ärgern, dass ich nicht verantwortungsvoller gewesen war. Wenn ich Ihn finden würde, wäre ich erleichtert, und hätte dann noch einen anderen, den ich beschuldigen könnte: Jesus selbst. Es scheint genau das zu sein, was Maria und Josef taten. Maria fragte Jesus: *„Wie konntest Du uns das antun? Dein Vater und ich waren in schrecklicher Sorge. Wir haben Dich überall gesucht.“ (Lukas 2,48)* Jesus war der Grund für ihre Furcht. Und sie verteilten die Schuld gerecht auf Seine Schultern. Jetzt waren sie erleichtert, dass sie den Sohn Gottes gefunden hatten, sie waren jedoch auch etwas erstaunt darüber, dass Er sich nicht um ihre Sorgen kümmerte. *„Warum hast Du uns das angetan?“* Jesus hat inmitten der Wunder und des außergewöhnlichen Lebensstils, den Er als Erwachsener führte, auch immer wieder die Menschen beunruhigt.

Seine Antwort half nicht weiter. Genau genommen ergab Seine Antwort aus unserer Sicht überhaupt keinen Sinn. Jesus antwortete: *„Warum habt ihr mich gesucht? (…) Ihr hättet doch wissen müssen, dass ich im Haus meines Vaters bin.“ (Lukas 2,49)* Liegt es nicht in der Verantwortung der Eltern, ihr verlorengegangenes Kind zu suchen? Woher hätten sie wissen sollen, wo Er war? Folglich hätten sie wissen müssen, dass es Seine höchste Priorität im

Leben war, die Dinge des Vaters zu tun. Jesus sagte, dass sie Ihn nicht zu suchen brauchten. Er sei nie verloren, wenn Er sich um die Angelegenheiten des Vaters kümmert. So großartig diese Antwort auch war, weder Josef noch Maria verstanden sie.

Es ist die Aufgabe der Eltern, ihre Kinder zu erziehen. Bis auf den heutigen Tag liegt die vorrangige Verantwortung, die Kinder zu lehren nicht auf den Schultern der Kirche oder der Regierung. Es ist die gottgegebene Aufgabe der Eltern. Alle anderen Institutionen unterstützen sie dabei. Doch in dieser ungewöhnlichen Situation waren die Eltern dran mit dem Lernen. Jesus offenbarte nur die Prioritäten der Erde aus der Perspektive des Vaters. Um den Willen Gottes tun zu können, geht es darum das Zusammenspiel zweier Welten, Himmel und Erde, zu verstehen.

Zu einer Bestimmung erwacht

Es gibt kein größeres Vorrecht als ein Gastgeber für Gott höchstpersönlich zu sein. Und es gibt auch keine größere Verantwortung. Alles, was Ihn betrifft, ist extrem. Er ist überwältigend gut, Ehrfurcht einflößend und auf jede nur erdenkliche Weise beängstigend wunderbar. Er ist mächtig und doch sanft, sowohl aggressiv als auch geduldig. Er ist perfekt, während Er uns mit unseren Fehlern und Mängeln annimmt. Und doch sind sich nur wenige bewusst, dass wir die Aufgabe haben Ihn in uns zu tragen. Und es sind noch wenigere, die dazu ja gesagt haben.

Der Gedanke, dass wir Gottes Gastgeber sein sollen, mag befremdlich klingen. Alles gehört Ihm, unsere eigenen Körper eingeschlossen. Und Er braucht ganz sicher nicht unsere Erlaubnis, um irgendwo hinzugehen oder irgendetwas zu tun. Er ist Gott! Und doch Er hat die Erde für die Menschheit geschaffen und hat sie unter unsere Herrschaft gestellt.

Wenn Sie von mir eine Wohnung mieten würden, würde ich als Vermieter nicht ohne Einladung, oder zumindest ohne Ihre Erlaubnis ihre Wohnung betreten. Sie würden nie zu sehen bekommen, wie ich in Ihrer Küche stehe, mir Essen aus dem Kühlschrank hole und mir selbst etwas zu essen koche. Warum nicht? Obwohl es mein Haus ist, steht es doch unter Ihrer Aufsicht oder Verwaltung. Es mag Vermieter geben, die gegen solche Benimmregeln verstoßen, aber Gott gehört dazu. Er hat uns mit einer Absicht hierher gestellt. Doch es ist eine Aufgabe, die wir ohne Ihn nicht erfüllen können. Wir werden nie unsere Bestimmung erreichen, wenn wir von Seiner manifesten Gegenwart getrennt sind. Es steht im Zentrum unseres Auftrages, zu lernen, Ihn bei uns aufzunehmen. Und das muss unser Fokus werden, damit wir den von Ihm erwünschten Erfolg erzielen können, bevor Jesus wiederkommt.

In einem Augenblick tanzen wir voller Freude mit erhobenen Händen und erhobenen Hauptes. Im nächsten Moment sind wir tief gebeugt, nicht, weil das auf irgendetwas die angemessene Reaktion wäre, sondern weil die Furcht Gottes den Raum erfüllt hat. In einem Augenblick ist unser Mund mit Lachen gefüllt, wir haben wirklich entdeckt, was das bedeutet: *„Du wirst mir den Weg zum Leben zeigen und mir die Freude Deiner Gegenwart schenken.“ (Psalm 16,11)* Im nächsten Moment weinen wir ohne einen offensichtlichen Grund. So ist der Wandel mit Gott.

So ist das Leben derjenigen, die sich dafür hingegeben haben diesen Einen bei sich aufzunehmen.

Sein Verlangen nach Partnerschaft ist der Kern unserer Beziehung Es ist Sein Herz. Er ist eine Person, keine Maschine. Er sehnt sich nach Gemeinschaft. Er liebt es zu lieben.

Hier einige Fragen, die ich mir immer wieder stelle, wenn es um dieses Thema geht:

- Was geschieht mit einer Person, wenn Gott auf ihr ruht?
- Inwiefern ist es ihre Verantwortung, die Gegenwart Gottes zu schützen?
- Wie wird die Welt um sie herum davon beeinflusst?
- Wie werden die Art und die Natur Gottes in ihrem Leben offenbart?
- Was ist für uns möglich, wenn wir solche Menschen als Beispiele für die Möglichkeiten Gottes sehen.

Die größte Ehre

Gott zu beherbergen bedeutet Vergnügen und kostet etwas, es ist eine Ehre und ein Geheimnis. Er ist zurückhaltend und manchmal sogar still. Er kann auch eindeutig, energisch und entschlossen sein. Er ist ein Gast mit einem Programm: vom Vater zum Sohn, vom Himmel zur

Erde. Es ist immer noch Seine Welt, Seine Absichten werden erfüllt werden. Das lässt uns mit einer noch unbeantworteten Frage zurück: Welche Generation wird Ihn aufnehmen, bis das Reich dieser Welt das Königreich unseres Herrn und Christus wird? (siehe Offenbarung 11,15)

2

Von Garten zu Garten

Unsere Geschichte beginnt mit zwei Menschen in einem Garten. Der Garten Eden war so perfekt, wie ein Ort nur sein konnte. Und seine einzigen beiden menschlichen Bewohner, Adam und Eva, waren genauso perfekt. Sie hatten eine einzigartige Stellung in der Schöpfung, weil sie als Abbilder Gottes geschaffen wurden. Das hatte es zuvor noch nie gegeben. Und nichts und niemand anderes nahm diesen privilegierten Platz ein. Wegen dieser Ähnlichkeit würden die, die nach Gottes Bild gemacht wurden, über die Erde herrschen und Ihn in Seiner Persönlichkeit und Seiner Funktion repräsentieren.

Adam und Eva wurden dazu geschaffen, wie Gott zu herrschen. Gottes Art zu herrschen unterscheidet sich stark von der heute üblichen Ansicht darüber. Unter Gottes Herrschaft ist Schutz und Bevollmächtigung. Immerhin sollten Adam und Eva und alle ihre Nachkommen Gott auf der Erde gegenüber dem Rest der Schöpfung repräsentieren. Sie hatten ihre Position auf der Erde nicht anstelle von Gott, sondern wurden von Gott bevollmächtigt. Er kam abends, um mit Adam und Eva spazieren zu gehen und mit ihnen zu reden. Ihre Herrschaftsstellung war die natürliche Folge ihrer Beziehung zu Gott.

Die Erde hat immer Gott gehört, doch nun wurden die Menschen zu Seinen Beauftragten, die an Seiner statt herrschen sollten. Im Matthäusevangelium ist ein Kommentar eines Hauptmanns dokumentiert, der uns einen großartigen Einblick davon gibt, was es heißt, eine bevollmächtigte Autorität zu sein. Als Jesus den Diener des Hauptmanns heilen wollte, erwiderte der Hauptmann:

> *"Ach Herr, ich bin es nicht wert, dass Du in mein Haus kommst. Sprich nur einfach ein Wort, und mein Diener wird gesund! Ich weiß das, weil ich selbst vorgesetzte Offiziere habe und auch mir Soldaten unterstellt sind. Ich brauche nur zu sagen: ‚Geht', und sie gehen, oder ‚Kommt', und sie kommen. Und wenn ich zu meinem Sklaven sage: ‚Tu dies oder tu das', dann tut er es. (Matthäus 8,8-9)*

Dieser römische Anführer erkannte, dass seine Autorität daher kam, dass er selbst einer Autorität untergeordnet war. Wir können nur bis zu dem Maß Gottes Herrschaft ausüben,wie auch Er tatsächlich über uns herrscht. Jesus war von seiner Antwort so berührt, dass Er bekannte, dass diese Erkenntnis Raum für großen Glauben schafft.

Er lobte seine Erkenntnis auch deshalb, weil ihre Wurzeln in einem anderen Reich lagen als dem Römischen, nämlich dem Reich Gottes. Dieses Verständnis steht an erster Stelle, wenn es um die Fähigkeit der Menschheit geht, gut zu regieren.

Gott erschuf alles zu Seiner Freude. Er sah sich alles an, was Er gemacht hatte und genoss es. Doch Seine Interaktion mit der Menschheit war anders als alles andere. Sie war persönlich und zu seinem Ebenbild geschaffen zu sein beinhaltete eine große Berufung.

Ein besonderer Augenblick in dieser Beziehung war es, als Gott Adam den Auftrag gab, allen Tieren Namen zu geben (siehe 1. Mose 2,19). In der Bibel repräsentieren Namen so viel mehr als in unserer Kultur. Ein Name steht für das Wesen, den Autoritätsbereich und die Ehre, die Seiner Schöpfung zugeteilt wurden. Es ist nicht sicher, ob Adam nur das anerkannte, was jedem Tier von Gott gegeben wurde, als er ihnen die Namen gab, oder ob er dabei den einzelnen Tieren selbst dieses Maß zugeordnet hat. Die Antwort spielt eine geringfügige Rolle, weil Adam bei beiden Varianten als Mitarbeiter der Schöpfungsgeschichte tätig wurde. Ihm war sogar die Verantwortung gegeben worden, dabei zu helfen, die Wesensart der Welt, in der er leben würde, zu definieren. Das offenbart das Herz Gottes auf solch eine schöne Weise. Gott hat uns nicht als Roboter geschaffen. Wir wurden nach Seinem Bild als Mitarbeiter geschaffen, um mit Ihm zusammen seine Güte, gegenüber allem was er geschaffen hat, auszudrücken.

Die offene Absicht

Alles, was Gott geschaffen hat, war in jeder Hinsicht perfekt. Nicht einmal Gott konnte das Design, die Funktion oder den Zweck verbessern. Der Garten selbst demonstrierte den Himmel auf Erden. Und der Grund, warum ein solch außergewöhnlicher Ort des Friedens und der göttlichen Ordnung auf der Erde war, leitete sich von der Rebellion Satans ab. Jetzt bekam Frieden, die Substanz der Atmosphäre des Himmels, eine militärische Funktion. Unordnung hatte Gottes Schöpfung getrübt. Jetzt stand Licht gegen Finsternis, Ordnung gegen Chaos, und Herrlichkeit gegen Finsternis.

Der erste Auftrag in der Bibel wird Adam im Garten gegeben:

> *Seid fruchtbar und vermehret euch, bevölkert die Erde und nehmt sie in Besitz. Herrscht über die Fische im Meer, die Vögel in der Luft und über alle Tiere auf der Erde. (1. Mose 1,28)*

Seine unmittelbare Verantwortung war es, den Garten zu pflegen. Seine letztendliche Verantwortung war es jedoch, dieselbe Ordnung auch auf dem Rest des Planeten herzustellen. Die Schlussfolgerung ist, dass außerhalb des Gartens nicht dieselbe Ordnung herrschte wie im Garten. Das ergibt viel Sinn, wenn wir uns daran erinnern, dass die Schlange in den Garten kam um Adam und Eva zu versuchen. Sie befand sich also schon auf dem Planeten.

Offenbarung 12,4 spricht von dem Drachen, der auf die Erde verbannt wurde und ein Drittel der Sterne wegfegte. Es ist gut möglich, dass diese Aussage Satans Fall und seinen Rauswurf aus dem Himmel beschreibt. Seine Arroganz kostete ihn seinen Platz als einer der drei Erzengel, die Gott unmittelbar dienten (die anderen beiden sind Michael und Gabriel). Wir wissen auch, dass ein Drittel der Engel mit ihm gefallen ist, was dieser Abschnitt auch zu beschreiben scheint. Der Begriff „Sterne" kann für die Engel selbst stehen, oder für den Teil der Schöpfung, über den sie einst herrschten, und das nun unter dem Einfluss des gefallenen Bereiches stand. Der springende Punkt ist: Der Bereich der Finsternis existierte schon auf der Erde bevor Gott Adam, Eva und den Garten Eden machte. Er schuf eine Ordnung inmitten der Unordnung, sodass die, die nach Seinem Bild geschaffen worden sind, Ihn gut vertreten können, indem sie die Grenzen des Gartens erweitern, bis der ganze Planet von Gottes Herrschaft durch Seine Bevollmächtigten bedeckt ist.

Satan hat nie eine Bedrohung für Gott dargestellt! Gott hat die endgültige Macht und Gewalt, Schönheit und Herrlichkeit. Er ist ewig und hat unendlich viel von allem, was gut ist. Er wurde nicht geschaffen – Er hat schon immer existiert. Satan ist in jeglicher Hinsicht begrenzt. Bei seiner Erschaffung gab Gott ihm seine Gaben und Fähigkeiten. Es hat nie eine Schlacht zwischen Gott und Satan gegeben. Der gesamte Bereich der Finsternis könnte mit nur einem Wort für immer ausgelöscht werden. Doch Gott beschloss, ihn durch die zu besiegen, die Ihm ähnlich sind, die, die aus eigener Entscheidung heraus Gott anbeten. Genial! Das Thema Anbetung brachte Satan ja überhaupt erst dazu zu rebellieren.

Satan wollte wie Gott angebetet werden. Diese Rebellion war möglich, weil Gott ihm einen freien Willen gegeben hat. Diese dumme, egoistische Wahl, die Satan getroffen hatte, kostete ihn seine Herrschaftsposition und noch wichtiger, sie kostete ihn seinen Platz vor Gott im Himmel. Seine Rebellion zog sich durch das Reich der Engel, und zog schlussendlich ein Drittel der Engel mit ins Verderben.

Geistliche Kampfführung

Ich finde es faszinierend, dass Gott Adam und Eva keinerlei Anleitung für geistliche Kampfführung gegeben hat. Es gibt hier keine Lehre über die Kraft des Namens Jesus, keinen Hinweis auf die Kraft ihres Gotteslobes, und wir wissen auch von keiner Aussage über die Kraft Seines Wortes. Diese Werkzeuge wären etwas später in der Geschichte von großem Nutzen gewesen. Doch jetzt zielte ihr ganzes Leben darauf ab, die göttliche Ordnung durch ihre Beziehung mit Gott aufrechtzuerhalten und sie zu verbreiten, indem sie Ihn gut vertraten. Sie sollten verantwortungsvoll leben und sich vermehren, Kinder bekommen, die Kinder bekommen, die Kinder bekommen usw. Und sie sollten die Grenzen des Gartens erweitern, bis der ganze Planet unter ihrer Herrschaft ist. All das floss aus ihrer Gemeinschaft mit Gott, als sie in der Kühle des Abends mit Ihm spazieren gingen. All das kam aus einer Beziehung. Satan stand nie im Fokus. Und das brauchte er auch nicht, weil er keine Autorität besaß. Es gab nämlich noch kein Übereinkommen mit dem Teufel.

Mich beunruhigt, dass manche die geistliche Kampfführung überbetonen. Geistlicher Konflikt ist eine Realität, die wir nicht ignorieren dürfen. Paulus ermahnt uns dazu, uns der Mittel des Feindes bewusst zu sein (siehe 2. Korinther 2,11). Allerdings liegt unsere Stärke darin, die ganze Waffenrüstung Christi anzuziehen! Christus ist unsere Waffenrüstung!

Adam und Eva haben Gott am deutlichsten gesehen. Sie hatten keine Anweisungen bezüglich Kampfführung, weil ihre Herrschaft den Feind auf die gleiche Weise abwies, wie das Licht die Dunkelheit ohne einen Kampf vertreibt. Ich kann es mir nicht leisten, nur als Reaktion auf die Finsternis zu leben. Wenn ich das tue, dann ist die Finsternis daran beteiligt, das Programm für mein Leben aufzustellen. Der Teufel ist es nicht wert, solch einen negativen Einfluss zu haben. Jesus lebte in Erwiderung auf den Vater. Ich muss lernen, es ebenso zu tun. Das ist das einzige Beispiel, dem es sich zu folgen lohnt.

All unser Handeln entspringt zwei grundlegenden Emotionen: Furcht und Liebe. Jesus tat alles aus Liebe. So vieles von dem, was Kriegsführung genannt wird, geschieht aus Furcht. Ich habe das öfters getan, als mir lieb ist hier zuzugeben. Wir würden niemals den Teufel anbeten oder ihm Ehre erweisen. Doch denken Sie daran: Er ist wie das Kind im Klassenzimmer, das Aufmerksamkeit sucht, wenn er sie schon nicht für etwas Gutes bekommen kann, dann will er sie wenigstens für etwas Schlechtes haben.

Dem Teufel macht negative Aufmerksamkeit nichts aus. Er lässt sich von uns den ganzen Tag im Namen der „Kampfführung“ jagen. Gott beruft uns aber an einen Ort der Stärke. Wir sollen unseren Platz im Garten wiederentdecken und mit Ihm in der Kühle des Abends spazieren gehen. Ausgehend von diesem Ort der Vertrautheit erleben wir wahre Kriegsführung. Vielleicht schrieb David, der große Krieger und König Israels, aus diesem Grund: *„Du deckst mir einen Tisch vor den Augen meiner Feinde." (Psalm 23,5)* Der Ort der Gemeinschaft und Intimität mit Gott wird als der Tisch des Herrn betrachtet und doch steht er vor den Augen seiner Feinde.

Das ist wirklich ein seltsames Bild. Doch wenn wir dieses Konzept noch nicht verstanden haben, erheben wir den Teufel unabsichtlich an einen viel höheren Platz, als ihm gebührt. Diese Art von Liebesbeziehung jagt dem Herzen des Teufels und seiner Heerscharen einen Schrecken ein. An diesem Tisch der Gemeinschaft vertieft sich unsere Beziehung mit Gott, und sie fließt über in ein Leben des Sieges, im Kampf mit den Mächten der Finsternis.

Die Erschaffung des Menschen ist in gewisser Weise der Anfang einer solchen Romanze. Wir wurden nach Seinem Bild geschaffen, um eine innige Beziehung zu haben, damit sich unsere Herrschaft über die Erde durch eine liebevolle Beziehung mit Gott ausdrückt. Ausgehend von dieser Offenbarung über Herrschaft durch Liebe müssen wir lernen, uns als Seine Botschafter zu bewegen und so den „Fürsten dieser Welt" zu besiegen. Es waren die optimalen Voraussetzungen dafür geschaffen, dass alle Mächte der Finsternis fallen, als Adam und Eva ihren göttlichen Einfluss auf die Schöpfung ausübten. Doch stattdessen sind sie gefallen.

Der perfekte Hausherr

Satan konnte nicht in den Garten Eden eindringen und gewaltsam Besitz von Adam und Eva ergreifen. Das wäre eine lachhafte Unmöglichkeit gewesen. Er hatte keine Macht und keinen Herrschaftsanspruch, wo er keine Einwilligung dazu hatte, weder im Garten, noch in Adam und Eva. Herrschaft ist Macht. Und da der Menschheit die Schlüssel zur Herrschaft über den Planeten gegeben wurden, musste der Teufel sich die Autorität von den Menschen holen.

An dieser Stelle der Geschichte glich ihre Erfahrung ziemlich dem, was Israel später im Verlauf der Heilsgeschichte erlebte. Gott hatte den Kindern Israels das gesamte Gelobte Land gegeben. Es gehörte ihnen alles auf einen Schlag. Es war ihr Erbe durch die Verheißung. Doch sie besaßen nur das, was sie mit ihren Fähigkeiten bewerkstelligen konnten. Der Ausdruck von Gottes Herrschaft floss gemäß ihrer Fähigkeit zu herrschen durch sie hindurch. Ob sie gut herrschten, hing davon ab, wie gut sie beherrscht wurden. Gott sagte ihnen, warum Er ihnen nicht alles auf einmal gab: die Tiere würden sonst zu zahlreich für sie werden (siehe 2. Mose 23,29; 5. Mose 7,22). Sie mussten in den Besitz der Fülle ihres Erbes hineinwachsen.

Das gleiche Prinzip gilt für uns heute. Vom Garten Eden über Israel, vom Verheißenen Land bis zu den Gläubigen dieser Stunde steht uns alles zu. Doch was wir jetzt besitzen richtet sich nach unserem Vermögen, die Dinge so zu verwalten, wie Er es tun würde. Viele haben den Schluss gezogen, dass unser Mangel der Wille Gottes ist (wie wenn Gott geplant hätte, dass das Evangelium im modernen Zeitalter anders gelebt werden sollte als zu Zeiten der Bibel). Unsinn! Es herrschen immer noch biblische Zeiten!

Genauso hat Gott Adam und Eva den ganzen Planeten gegeben, damit sie über ihn herrschen sollten. Doch sie besaßen nur den Garten Eden. Es ist immer ein Unterschied zwischen dem, was wir auf unserem Konto haben und dem, was in unserem Besitz ist. Der Rest würde ihnen zugeschrieben werden, wenn sie sich vermehrten und ihre Fähigkeiten erweiterten, Gott gut zu vertreten. Das würde dadurch sichtbar werden, dass sie ihre Herrschaft über den gesamten Planeten ausübten. Sie mussten auch in ihr Erbe hineinwachsen. Ihnen gehörte schon alles durch die Verheißung. Doch ihr Herrschaftsbereich war gleichgestellt mit ihrer Reife. Sie besaßen nur das, was sie gut verwalten konnten.

Weil der Teufel keine Autorität über Adam und Eva hatte, konnte er nur auf sie einreden. Er legte ihnen nahe, die verbotene Frucht zu essen, weil sie sie Gott gleich machen würde. Und sie hörten darauf. Adam und Eva versuchten, so wie Gott zu werden, doch sie taten es durch Ungehorsam. Und dieser Ungehorsam kostete sie das, was sie von Anfang an eigentlich schon besaßen: Gottebenbildlichkeit. Wenn wir versuchen, aus eigener Anstrengung das zu bekommen, was wir durch Gnade schon haben, stellen wir uns selbst freiwillig unter die Macht des Gesetzes. Es war das Bestreben des Teufels, Adam und Eva dazu zu bringen, ihn zu bevollmächtigen, indem sie mit ihm übereinstimmen und sich Gott widersetzen. Durch das Übereinkommen ist er dazu befähigt zu töten, zu stehlen und zu zerstören (siehe Johannes 10,10). Es ist wichtig zu erkennen, dass Satan auch heute noch durch unsere Einwilligung bevollmächtigt wird.

Adam und Evas Auftrag zu herrschen wurde abgebrochen, als sie von der verbotenen Frucht aßen. Paulus sagte später: *„Wem ihr euch zu Knechten macht, um ihm zu gehorchen, dessen Knechte seid ihr und müsst ihm gehorsam sein." (Römer 6,16)* Durch ihr rebellisches Handeln gingen sie in den Besitz des Vaters der Rebellion über. Dieser Sklavenhalter wurde dann zum Besitzer all dessen, was Adam gehörte. Das schließt die Herrschaft über den Planeten mit ein. Adams Herrschaftsposition wurde ein Teil der Ausbeute des Teufels. Gottes Heilsplan musste her: *„Und ich will Feindschaft setzen zwischen dir und der Frau und zwischen deinem Nachkommen und ihrem Nachkommen; der soll dir den Kopf zertreten, und du wirst Ihn in die Ferse stechen." (1. Mose 3,15)* Jesus kam, um alles zurückzufordern, was verloren gegangen war.

Satans Versuch zu verderben

Jesus kam aus einer Reihe von Gründen auf die Erde. Doch ganz oben auf der Liste stand, dass Er die Strafe der Menschheit für ihre Sünden auf sich nehmen und das zurücknehmen sollte, was Adam so gedankenlos weggegeben hatte. In Lukas 19,10 steht, dass Jesus gekommen ist *„um Verlorene zu suchen und zu retten"*. Die Menschen waren aufgrund der Sünde verloren. Und sie hatten auch ihren Platz der Herrschaft über Gottes Schöpfung verloren. Jesus kam um beides wiederzuerlangen.

Satan hat schon immer versucht, einen Retter zu

töten, nachdem er geboren wurde. Zweifelsohne sind ihm die prophetischen Worte zu Ohren gekommen und daraufhin schmiedet er seine Pläne um Gottes Absicht, Sein Volk zu befreien, zu verhindern. Der Teufel war derjenige, der die Tötung der Babys in Ägypten initiierte, als Mose geboren wurde. Er scheiterte, und Mose stieg zum großen Befreier auf. Bei dem Versuch Jesus, den größten Befreier, zu töten, inspirierte er Herodes zur Tötung von Babys in Bethlehem. Er versagte wieder (siehe Matthäus 2,16-18). Und dann wollte der Teufel den Heilsplan verhindern, indem er versuchte den Sohn Gottes dazu zu bringen, Seine Autorität zur Selbsterhaltung zu benutzen. Das geschah am Ende von Jesu 40tägiger Fastenzeit. Der Teufel tauchte auf, um Jesus in die Versuchung zu bringen, einen Kompromiss einzugehen und einen Stein in Brot zu verwandeln, um Seinen Hunger zu stillen. Interessanterweise wusste Satan, dass Jesus die Macht hatte, dieses Wunder zu vollbringen. Als Jesus diesen Vorschlag abwies, versuchte der Teufel, Ihn dazu zu bringen, durch und durch zu versagen, indem Er ihn anbeteten sollte. Er wusste, dass er es nicht wert war von Jesus angebetet zu werden, und dass eine solche Tat Jesus auch nicht locken würde. Doch er wusste auch, dass Jesus gekommen war, um die Autorität zurückzufordern, die die Menschheit weggegeben hatte. Satan bot sie Ihm an und sagte:

> *Dir will ich alle diese Macht und ihre Herrlichkeit geben; denn mir ist sie übergeben, und wem immer ich will, gebe ich sie. Wenn Du nun vor mir anbeten willst, soll das alles Dein sein. (Lukas 4,6-7; Elberfelder)*

Beachten Sie die Phrase *„denn mir ist sie übergeben"*.

Satan konnte sie nicht stehlen. Sie war an Satan übergeben worden, als Adam Gottes Herrschaftsbereich verließ. Das geschah ziemlich auf dieselbe Weise, wie Esau sein (langfristiges) Erbe für die (sofortige) Befriedigung durch eine Mahlzeit hergab (siehe 1. Mose 25,29-34). Es war das Heraustreten aus einer Berufung, einer Bestimmung und einem Erbe.

Der Dialog zwischen Jesus und Satan war faszinierend. Es war, als sagte der Teufel zu Jesus: „Ich weiß, wozu Du gekommen bist. Ich weiß, was Du willst. Bete mich an, und ich gebe Dir die Schlüssel der Autorität zurück, wegen der Du gekommen bist." Der Teufel zwinkerte sozusagen mit dem Auge. In diesem Augenblick gab er zu, dass er wusste, wozu Jesus gekommen war. Es ging um Schlüssel! Jesus behielt Seinen Kurs bei und wies die Möglichkeit für jegliche Abkürzung zum Sieg zurück. Er war gekommen um zu sterben. Und dadurch würde Er die Schlüssel der Autorität zurückfordern, die Gott Adam im Garten gegeben hat.

Der Hintergedanke dabei, den Menschen in den Garten zu setzen, war es, einen Kontext zu schaffen, in dem Satan von den Menschen besiegt werden würde. In Seiner Souveränität ließ Gott zu, dass der Teufel seine Herrschaft auf dem Planeten Erde aufrichtete, denn Seine Absicht war es, dem Teufel ewiges Gericht durch den Menschen zu bringen. Dies würde insbesondere durch die Fruchtbarkeit der innigen Zusammenarbeit zwischen Gott und Mensch geschehen.

Nachdem Adam und Eva gesündigt hatten, wurde es menschlich gesehen unmöglich, den Teufel zu besiegen. Aus diesem Grund war es notwendig, dass Jesus nicht nur an unserer Stelle starb, sondern auch als Mensch lebte, mit den gleichen Einschränkungen, Begrenzungen, Versuchungen, Gefühlen usw. wie wir, sodass Er auch als Mensch ein siegreiches Leben lebte. In einem Konflikt zwischen Gott und Satan gibt es keinen Wettbewerb. Es ging schon immer um den Teufel und den Menschen, diejenigen, die nach Gottes Bild gemacht sind. Jesus musste als Mensch leben, jedoch ohne der Sünde nachzugeben. Sein Tod war nur gültig, wenn Er sündlos war, denn der Sünder verdient es zu sterben. Er musste das fehlerfreie Lamm sein.

Der letzte Konflikt

Jesus ist der ewige Sohn Gottes. Er ist kein geschaffenes Wesen, das irgendwie zur Göttlichkeit aufgestiegen ist, wie manche Sekten es behaupten. Er ist ganz Gott und ganz Mensch. Doch Er durchlebte sowohl Sein Leben als auch Seinen Tod als Mensch. Das bedeutet, dass Er Seine Göttlichkeit beiseitegelegt hat, um als Mensch zu leben. Er war ohne Sünde, und Er war völlig abhängig vom Heiligen Geist. Dadurch wurde Er zu einem Vorbild dem wir folgen können. Wenn Er seine großartigen Wunder als Gott getan hätte, wäre ich immer noch davon beeindruckt. Doch ich wäre beeindruckt aus einer Beobachterhaltung heraus. Wenn ich erkenne, dass Er sie als Mensch vollbracht hat, dann werde ich plötzlich völlig unzufrieden mit dem Leben, das ich bisher gelebt habe. Ich bin jetzt dazu gedrängt, diesem Jesus zu folgen, bis die gleichen Dinge anfangen auch in meinem Leben zu passieren.

Erinnern Sie sich daran: Es gibt keinen Wettbewerb in einer Schlacht zwischen Gott und Satan. Der Teufel ist nichts im Vergleich zu dem Allmächtigen. Die Schlacht wird zwischen dem Teufel und den Menschen ausgetragen, denen, die nach Gottes Bild geschaffen sind. Als die Sünde in das Menschsein hineinkam, wurde es notwendig, dass Gottes Sohn Mensch wurde, um für uns zu streiten. Es war ein ungewöhnlicher Kampf. Erstens zeigte Er Seine absolute Autorität über die Mächte der Finsternis, indem Er alle heilte und befreite, die zu Ihm kamen. Zweitens lebte Er siegreich und rein. Die Sünde lockte Jesus überhaupt nicht, weil Er die Natur der Sünde erkannte. Drittens benutzte Er Seine Autorität nur dazu, anderen zu dienen. Er benutzte Seine Macht nicht für sich selbst. Und schließlich tat Er das Undenkbare: Er gab sich selbst auf, um an unserer Stelle zu sterben. Das klingt nach einer seltsamen Art einen Krieg zu gewinnen, doch es war entscheidend. Indem Er das tat, gab Er sich selbst ganz auf, um der ganzen Menschheit Erlösung zu bringen. Er konnte sich nicht einmal selbst von den Toten auferwecken – Er war zur Sünde geworden (siehe 2. Korinther 5,21). Er war davon abhängig, dass Gott Ihn von den Toten auferweckt, genauso, wie wir davon abhängig sind, dass Gott uns rettet, wenn wir anfangen zu glauben. Wir können uns nicht selbst retten. Sogar der Glaube, der Rettung bringt, ist ein Geschenk Gottes!

Der letztendliche Konflikt wurde zwischen Satan und dem Menschen Jesus ausgetragen. Dadurch, dass Er sich selbst hingab um für uns zu sterben, erfüllte Er alle Forderungen des Gesetzes, das besagt, dass der Sünder sterben muss. *„Sterben muss derjenige, der die Sünde begeht.“ (Hesekiel 18,20)* Er starb nicht nur für uns, Er identifizierte sich dabei ganz mit uns.

Satans Unwissenheit

Eine der schönsten Wahrheiten, die so oft übersehen wird, ist, dass Satan nur Gott zuspielen kann, selbst wenn er in Höchstform ist. Da wir des Teufels Hass gegenüber der Menschheit und gegenüber dem Sohn Gottes kennen, konnte man ihn leicht dazu bringen, alles zu tun, damit Jesus gekreuzigt wurde. Doch es ist wichtig zu erkennen, dass der Teufel Jesus nicht das Leben genommen hat. Jesus hat es niedergelegt (siehe 1. Johannes 3,16). Die religiösen Führer hatten bei mehreren Gelegenheiten versucht Jesus zu töten. Doch Er hatte die Gewohnheit zu verschwinden, wenn sie Ihn verfolgten. Es war nicht die richtige Zeit für Ihn zu sterben. Als die richtige Zeit gekommen war, gab Er sich selbst wie ein Schaf, das geschlachtet wird. Der Teufel hätte Jesus niemals gekreuzigt, wenn er gewusst hätte, dass es durch den Tod Jesu, des Christus (des Gesalbten), möglich wurde, dass Millionen von „Gesalbten" die Erde erfüllten.

> *Wenn ich es jedoch mit Menschen, die im Glauben gewachsen sind, zu tun habe, verwende ich Worte der Weisheit. Doch ich meine nicht jene Weisheit, die in der Welt oder bei den Mächtigen dieser Welt etwas gilt, welche ohnehin untergehen werden. Nein, die Weisheit, von der wir sprechen, ist die Weisheit Gottes. Sie war in früheren Zeiten verborgen, obwohl Gott sie schon vor der Erschaffung der Welt zu unserem Segen bestimmt hat. Doch die Mächtigen dieser Welt haben sie nicht verstanden, denn hätten sie das getan, dann hätten sie den Herrn der Herrlichkeit niemals gekreuzigt. (1. Korinther 2,6-8)*

Es gibt vier Dinge in diesen Versen, die wir zur Kenntnis nehmen sollten. Sehen Sie zunächst auf die Tatsache, dass die Herrscher dieser Welt untergehen werden, das heißt, sie werden „abgeschafft". Zweitens: Gottes Weisheit ist ein Geheimnis, das verborgen bleibt, bis Er sich dazu entscheidet, es zu lüften. Drittens: Das Geheimnis beinhaltet Segen für die Menschheit. Und schließlich: Der Schlüssel um das Potenzial dieses Geheimnisses zu verstehen, liegt in der Kreuzigung Jesu. Der Tod am Kreuz machte es möglich, dass Gott einen Ort für uns zugänglich gemacht hat, der lange Zeit verborgen gewesen war. Ein Ort, an dem die Menschheit in die Herrlichkeit hineingenommen wird, wenn sie nicht losgelöst, sondern völlig abhängig von Gott ist. Diese geniale Errungenschaft kam durch das Kreuz. Satan hätte den Tod Christi niemals angestrebt, wenn er das Resultat gekannt hätte.

Der Endsieg

Stellen Sie sich vor: Jesus starb nicht nur für uns. Als Er starb, identifizierte Er sich ganz mit uns. Er wurde zur Sünde, unserer Sünde, damit wir durch Christus gerechtfertigt werden (siehe 2. Korinther 5,21). Wenn das wirklich der Fall ist, ist Sein Sieg unser Sieg. Wenn wir das Erlösungswerk Christi am Kreuz im Glauben empfangen, werden wir in Jesu persönlichen Sieg über die Sünde, den Teufel, den Tod und das Grab mit hineingenommen. Jesus besiegte den Teufel mit Seinem sündlosen Leben. Er besiegte ihn in Seinem Tod, indem Er mit Seinem Blut für unsere Sünden bezahlte. Und dann besiegte Er ihn wieder in der Auferstehung, indem Er triumphierend mit den

Schlüsseln der Autorität über den Tod und die Hölle auferstand – und über alles andere, was Gott ursprünglich für den Menschen geplant hat, und was in den zukünftigen Zeitaltern offenbar wird. Der siegreiche Jesus verkündete: *„Mir ist alle Macht im Himmel und auf der Erde gegeben. Darum geht zu allen Völkern …“ (Matthäus 28,18-19)* Mit anderen Worten: „Ich habe die Schlüssel zurückbekommen! Jetzt geht und benutzt sie und fordert die Menschheit zurück!“

In diesem Augenblick erfüllt Jesus die Verheißung, die Er Seinen Jüngern gegeben hat, als Er sagte: *„Ich werde dir die Schlüssel zum Himmelreich geben.“ (Matthäus 16,19)* Gott hat den ursprünglichen Plan nie zunichte gemacht. Doch er konnte erst nach der Auferstehung und Himmelfahrt Jesu vollständig und ein für allemal in die Tat umgesetzt werden. Eine weitere Sache, der wir Beachtung schenken sollten: Wenn Jesus alle Autorität hat, hat der Teufel gar keine! Unser ursprünglicher Auftrag wurde dann völlig wiederhergestellt, nämlich als ein Volk zu herrschen, das nach Seinem Bild gemacht wurde, ein Volk, das lernt, dem auf Golgatha gewonnenen Sieg Geltung zu verschaffen. *„Der Gott des Friedens wird den Satan bald unter eure Füße zwingen und zertreten.“ (Römer 16,20)*

Sein Volk soll die Schönheit Seiner Herrschaft in einer ungläubigen Welt sichtbar machen. Wir sind für diese Aufgabe ausgewählt worden. Nicht, weil wir etwas Besseres sind, sondern weil wir uns für diese höchste Aufgabe gemeldet haben. Er beruft alle ein, die dafür zur Verfügung stehen, Seine Gegenwart weiterzutragen, bis alles verändert ist.

Der Designer hat Herz

Alles, was Gott geschaffen hat, wurde zu Seiner Freude gemacht. Er ist ein Gott, der mit Freude verschwenderisch umgeht. Er genießt alles was Er gemacht hat. Die Menschheit hat jedoch einen einzigartigen Platz in Seiner Schöpfung, insofern, als wir der einzige Teil Seiner Schöpfung sind, der wie Gott gemacht ist. Unsere Ebenbildlichkeit wurde zum Zweck der Verbundenheit, der vertrauten Gemeinschaft gemacht. Durch die Beziehung mit Gott würden die begrenzten Menschen in Gottes Heilsplan eingepflanzt werden und durch die Verheißung eine ewige, perfekte Zukunft bekommen. Selbst der Bereich des Unmöglichen könnte von denen durchbrochen werden, die dazu geschaffen sind, so wie Er zu sein. *„Alles ist möglich für den, der glaubt." (Markus 9,23)* Keinem anderen Teil der Schöpfung wurde Zugang zu diesem Gebiet gewährt. Wir wurden an einen „Ort" eingeladen, der nur Gott bekannt ist.

An dieser Stelle muss das Herz Gottes gefeiert werden: Er sehnt sich nach Partnerschaft. Er riskierte alles, um diesen einen Schatz zu bekommen - die, die Ihn anbeten. Nicht als Roboter, nicht bloß auf einen Befehl hin, sondern aus einer Beziehung heraus.

Der letztendliche Plan

Wir wurden dazu gemacht, so zu herrschen, wie Gott herrscht, mit Großzügigkeit und Freundlichkeit, nicht eigennützig, sondern immer zum höheren Nutzen anderer. Wir sollen über die Schöpfung herrschen und über die

Finsternis, indem wir die Mächte der Finsternis berauben und die Herrschaft Jesu aufrichten, durch das predigen des Evangeliums des Königreiches. Königreich bedeutet: der Herrschaftsbereich des Königs. Die ursprüngliche Absicht Gottes war es, dass die Menschheit über die Schöpfung herrscht. Doch dann kam die Sünde in unseren Herrschaftsbereich hinein und erweiterte ihn dahingehend, dass wir jetzt sogar Verantwortung für Dinge haben, die die Ewigkeit betreffen. Wegen der Sünde wurde die Schöpfung mit der Finsternis infiziert: Leid, Krankheit, quälende Geister, Armut, Naturkatastrophen, dämonischer Einfluss etc. Während wir immer noch über die Schöpfung herrschen sollen, hat sich unser Herrschaftsbereich mehr und mehr darauf fokussiert, die Werke des Teufels aufzudecken und rückgängig zu machen. Das ist der Dienst Jesu, den wir im Missionsbefehl von Ihm geerbt haben. Und es ist die Frucht, die für das Leben eines Christen vorgesehen ist. Wenn ich eine Begegnung mit der Kraft Gottes habe (wonach wir streben sollen), dann bin ich dazu ausgerüstet, sie an andere weiterzugeben. Das ist der Dienst Jesu. Benutzen Sie die Kraft und Autorität Gottes um den Dienst Jesu weiterzutragen, so wie Jesus es tat. Der Eingriff Gottes in unmögliche Situationen erfolgt durch ein Volk, das Kraft aus der Höhe empfangen und gelernt hat, diese in den Umständen des Lebens freizusetzen.

Gottes Herz schlägt für eine Partnerschaft mit Seinen geschaffenen Ebenbildern. Er ist der höchste König und liebt es, andere zu bevollmächtigen. Vom ersten Tag an lag es Ihm am Herzen, ein Volk zu haben, das wie Er lebt, liebt, schöpferisch tätig ist und herrscht. Von diesem Tag an war es Gottes Wunsch, als der eingeladene Hausherr mit Seiner Schöpfung zusammen zu sein um zu sehen, wie sich ihre Fähigkeit zu herrschen verbessert hat, damit diese Welt wie die Seine würde. In Seiner Welt steht Seine Herrlichkeit im Zentrum. Je mehr Leute Seine Gegenwart als fröhliche Diener des Allerhöchsten in alle Welt hinaus tragen, desto mehr werden wir auf einen der großen Meilensteine des Himmels vorbereitet: dass die Erde mit der Herrlichkeit des Herrn erfüllt wird.

Die größte Herausforderung

Unsere Geschichte begann in einem Garten. Gott ging mit Adam in der Kühle des Abends spazieren. Verbundenheit, Gemeinschaft, Kameradschaft, Partnerschaft. Doch das hörte wegen der Sünde auf. Aber dann fing es erneut an. Auch diesmal in einem Garten.

> *Der Ort der Kreuzigung befand sich in der Nähe eines Gartens, dort lag ein neues Grab, das noch nie benutzt worden war. Früh am ersten Tag der Woche, als es noch dunkel war, kam Maria Magdalena zum Grab und fand den Stein vom Eingang weggerollt. Maria stand weinend draußen vor dem Grab, während sie weinte, beugte sie sich vor und schaute hinein. Da sah sie zwei weiß gekleidete Engel sitzen, einen am Kopf -und einen am Fußende der Stelle, an der der Leichnam von Jesus gelegen hatte. „Warum weinst du?“, fragten die Engel sie. „Weil sie meinen Herrn weggenommen haben“, erwiderte sie, „und ich nicht weiß, wo sie Ihn hingelegt haben.“ Sie blickte über ihre Schulter zurück und sah jemanden hinter sich stehen. Es war Jesus, aber sie erkannte Ihn nicht. „Warum weinst du?“, fragte Jesus*

sie. „Wen suchst du?“ Sie dachte, Er sei der Gärtner. „Herr“, sagte sie, „wenn du Ihn weggenommen hast, sag mir, wo du Ihn hingebracht hast; dann gehe ich Ihn holen.“ „Maria!“, sagte Jesus. Sie drehte sich um zu Ihm und rief aus: „Meister!“ „Berühre mich nicht“, sagte Jesus, „denn ich bin noch nicht zum Vater aufgefahren. Aber geh zu meinen Brüdern und sage ihnen, dass ich zu meinem Vater und zu eurem Vater, zu meinem Gott und zu eurem Gott auffahre.“ (Johannes 19,41; 20,1; 20,11-17)

Eigentlich ist Jesus zweimal ganz real geboren worden. Das erste Mal war Seine natürliche Geburt durch die Jungfrau Maria. Das zweite Mal war Seine Auferstehung.

Aber Gott hat Ihn von den Toten auferweckt. Und nun sind Barnabas und ich hier, um euch diese gute Botschaft zu verkünden. Gottes Verheißung an unsere Vorfahren hat sich an uns, den Kindern, erfüllt, als Gott Jesus auferweckt hat. Davon ist im zweiten Psalm die Rede, wenn über Jesus gesagt wird: „Du bist mein Sohn. Heute habe ich Dich gezeugt.“ (Apostelgeschichte 13,30; 13,32-33)

In diesem Abschnitt sehen wir, dass Seine Auferstehung wie eine Geburt betrachtet wurde – der Erstgeborene von den Toten (siehe Kolosser 1,18; Offenbarung 1,5). Er war nicht der Erste, der vom Tod auferweckt wurde. Er selbst weckte ja viele auf! Er war der Erste, der von den Toten auferstand und nicht noch einmal starb. Unsere Bekehrung folgt derselben Linie: Seine DNA der Auferstehung ist unsere DNA. Er ist die Erstfrucht derer, die schlafen (1.

Korinther 15,20). Erstfrüchte gibt es zu Beginn der Ernte. Dieser Begriff deutet an, dass Seine Auferstehung von den Toten eine Prophetie darüber war, dass eine große Ernte in gleicher Weise wie Seine Auferstehung folgen würde. Wir sind diese Ernte! Und diese Ernte geht weiter und nimmt zu, bis zu Seiner Wiederkunft.

Einer der faszinierenden Teile dieser Geschichte illustriert das, von dem ich glaube, dass es das zentrale Thema der Schrift ist, und somit auch der Zweck dieses Buches. Es geht um Seine Gegenwart.

Die erste Person, die Jesus bei Seiner natürlichen Geburt berührte, war selbstverständlich Maria, die Jungfrau. Doch wer berührte Ihn als erstes nach Seiner zweiten Geburt? Maria Magdalena! Sie ist diejenige, aus der sieben Dämonen ausgetrieben wurden und die von Gebrechen geheilt worden war (siehe Markus 16,9). Die Jungfrau Maria, die für Reinheit steht und für alles, was richtig ist, hieß Jesus in dieser Welt für Seine Aufgabe willkommen, das Gesetz zu erfüllen und zum perfekten Opfer zu werden. Maria Magdalena, die krank und von Dämonen geplagt gewesen war, repräsentiert die unstillbaren Bedürfnisse von Geist, Seele und Leib. Sie empfing Ihn in dieser Welt für Seine Rolle, aus den am wenigsten Reinen und Qualifizierten eine Familie aufzubauen. Die Jungfrau stellte denjenigen vor, der das Zeitalter des Gesetzes abschließen würde. Die Geplagte führte Jesus in die Zeit der Gnade ein, wo alle willkommen sind.

Im ersten Garten wurde Seine Gegenwart als selbstverständlich angesehen. Nachdem Adam und Eva von der verbotenen Frucht gegessen hatten, ging Gott noch einmal in den Garten hinein. Ihnen wurden die Augen für ihren Zustand geöffnet, und sie bedeckten sich selbst mit Feigenblättern, um ihre Nacktheit zu verstecken. Dann versteckten sie sich vor Gott (siehe 1. Mose 3,8). Es ist das letzte Mal, dass wir davon hören, dass Gott im Garten umher geht, um mit den Menschen zusammen zu sein.

Im zweiten Garten würde Maria sicherstellen, dass dieser Fehler nicht wiederholt wird. Sie ergriff den auferstandenen Christus und ließ Ihn nicht wieder los, bis Jesus sie darüber informierte, dass Er noch nicht einmal zum Vater aufgefahren war (siehe Johannes 20,17). Für diese Eine, die mehr von Gott brauchte, würde Jesu Versprechen, den Heiligen Geist zu schicken, jetzt eine sehr praktische Ausdrucksweise annehmen müssen. Sie hatte die eine Sache gefunden: die Gegenwart Gottes.

3

Die Lüge der Bedeutungslosigkeit

Nachdem Gott Mose eine ziemlich unmögliche Aufgabe gab, stellte Mose Gott die Frage: „Wer bin ich?“ (2. Mose 3,11) Seither ist dieselbe Frage unzählige Male gestellt worden. Jedes Mal, wenn wir auf uns selbst schauen, glauben wir der Lüge der Bedeutungslosigkeit. Mose wusste, dass ihm alle notwendigen Qualifikationen fehlten, die man haben sollte, um von Gott für so etwas Bedeutendes gebraucht zu werden, wie Gottes eigenes Volk aus der Sklaverei in die Freiheit zu führen. Wenn Gott jemanden von uns für etwas Ähnliches auserwählt, sollte uns die gleiche Frage in den Sinn kommen. Das wird sie auch, wenn wir den Ruf Gottes richtig einordnen. Doch Gott kannte Mose im tiefsten Innersten und war weder besorgt darüber noch beeindruckt davon, wer Mose war oder nicht war. Das war unwesentlich. *„Ich werde mit dir sein", war Gottes Antwort (2. Mose 3,12).*

Anfänglich sieht es so aus, als ob Gott Moses Frage nach dem „Wer bin ich?" ignorierte. Doch vielleicht tat Er das nicht. Es scheint, als sagte Er Mose, dass seine Identität nicht in seinen Fähigkeiten, seiner Ausbildung und seiner Beliebtheit liegt. Seine Identität ist auch nicht seine Gaben oder seine Salbung. Es lief auf den einen Punkt hinaus: „Du bist derjenige, mit dem ich zusammen sein will." Wer war Mose? Der Typ, mit dem Gott gerne Zeit verbrachte. Mose mag vielleicht nicht gewusst haben, wer er war. Doch Gott wusste, zu wem er gehörte.

Sowohl unsere Qualifikationen als auch unser Stellenwert erscheinen hier auf der Erde anders, als aus der Perspektive des Himmels. So wie Demut unsere Erhöhung begünstigt, so qualifiziert Schwachheit uns für Stärke. Und wenn wir nach einem hohen Stellenwert streben, untergräbt das sogar unsere Bedeutung. Als Jesus von Johannes mit Wasser getauft werden wollte, wusste Johannes, dass er unqualifiziert war (siehe Matthäus 3,14). Doch wenn Sie bereit dazu sind, das zu tun, wofür Sie unqualifiziert sind, qualifiziert Sie das. Dasselbe galt für Mose. Doch der entscheidende Faktor bei Moses Qualifikation überstieg sogar seine Bereitschaft zu gehorchen. Es lief auf eine Sache hinaus: Wer würde mit Ihm gehen?

Eine Reise, die den Verstand übersteigt

Viele, oder sogar die meisten Juden erweisen Mose im Vergleich mit allen anderen Personen in ihrer Geschichte den höchsten Respekt. Und das aus gutem Grund. Er hat ihnen das Gesetz gebracht (das Wort von Gott), führte sie durch die Wildnis in ihr Erbe, und aus meiner Sicht genauso wichtig: Er war ein Vorbild für ein hingegebenes Leben. Seine Begegnungen mit Gott sind immer noch eine Hochwassermarke.

Mose war Gottes Antwort auf Israels Ruf nach Befreiung. Gott beantwortet die Gebete Seines Volkes oft dadurch, dass Er eine Person hervorbringt, die Er bevorzugt behandelt.

> *Er hörte ihr Schreien und erinnerte sich an den Bund, den Er mit Abraham, Isaak und Jakob geschlossen hatte. Er sah die Israeliten und kümmerte sich um sie. (2. Mose 2,24-25)*

Viele Jahre später tat Gott das gleiche, als Er David zum König von Israel machte.

> *Daran erkannte David, dass der Herr ihn als König über Israel bestätigt und sein Königtum Seinem Volk Israel zuliebe groß gemacht hatte. (2. Samuel 5,12)*

David erlebte die Gunst Gottes auf außergewöhnliche Weise, weil Gott wollte, dass sie durch David zum Volk Israel durchsickert (wobei Dinge in Gottes Reich nicht abgeschwächt werden, wenn sie zu anderen weiterfließen). Als Salomo König wurde, sprach er davon, dass der Segen Gottes auf dem Volk Israel liegt, denn sie wurden mit Freude und Fröhlichkeit erfüllt, weil Gott David als ihren Anführer bestimmt hat.

> *Als das Fest vorüber war, schickte Salomo die Leute nach Hause. Sie segneten den König und gingen heim, und alle freuten sich und waren glücklich, weil der Herr Seinem Diener David und Seinem israelitischen Volk so viel Gutes getan hatte. (1. Könige 8,66)*

Die Sache ist die: Gott wählt oft Menschen aus, weil Er weiß, dass sie der Schlüssel dazu sind, die Leben anderer zu berühren. Alle, die dieses Buch lesen, sind zunächst von Gott erwählt worden, weil Er sie liebt. Doch begehen Sie keinen Fehler: Sie haben in dieser Welt wegen der Schreie anderer Menschen eine einzigartige Stellung bekommen. Seine Gunst liegt auf Ihnen, sodass Sie ein Teil Seines Planes sein können, dieses Wohlwollen auch an andere weiterzugeben.

Wenn es heißt, Er „kümmerte sich um sie" (2. Mose 2,25), ist das das hebräische Wort „yada". Dieses wird manchmal dazu benutzt, intime Beziehungen zu beschreiben. Es ist das Wort, das „kennen" bedeutet. Doch es beinhaltet mehr, als ein Konzept mit dem Verstand zu erfassen. Es betont die Erfahrung als einen wesentlichen Teil des Kennens. Gott kümmerte sich um Israel, indem Er sie darauf vorbereitete, zu einer Nation zu werden, deren Gott sie kennt, und die ihren Gott gleichermaßen kennt, weil sie Ihn erlebt hat. Er hat sie extrem bevorzugt behandelt, indem Er einen extrem begünstigten Mann hervorrief. Was Er bald mit Mose tun würde, hatte Er auch vor, durch Mose zu tun: nämlich einer Nation durch wahre Anbetung eine bedeutende Stellung zu geben. Es würde sich ein tiefer Raum der Vertrautheit mit Gott eröffnen, wie es noch kein Mensch – und erst recht keine Nation – zuvor erlebt hatte. Es würde nun an Israel hängen, eine solche Einladung anzunehmen.

Der unvernünftige Mann

Mose lebte 120 Jahre lang, 40 Jahre, in denen er als Sohn im Hause Pharaos aufwuchs, 40 Jahre, in denen er in der Wildnis Schafe hütete und 40 Jahre, in denen er Israel zum Verheißenen Land führte. Wie wenn die ersten 80 Jahre nicht schon extrem genug gewesen wären (vom Palast in die Wildnis) … doch die letzten 40 Jahre waren noch extremer: Erfolg und Versagen, Erscheinungen und Begegnungen mit Gott, dicht gefolgt von schrecklichen Auseinandersetzungen mit der dämonischen Welt, der Anbetung falscher Götter und der dazugehörigen teuflischen Aktivitäten. Seine Unterhaltung mit dem Pharao würde schon dazu ausreichen ein Buch zu schreiben. Gott sagte zu Mose: *„Ich habe dir göttliche Vollmacht über den Pharao gegeben." (2. Mose 7,1)* Wenn Gott das zu jemandem sagt, ist das eine starke Aussage. Das war zuvor noch nie passiert: Gott war bereit, das zu tun, was Mose tat und aussprach. Es begegnet einem nicht oft, dass Gott sich einem Menschen gegenüber so verletzlich macht. Doch in Seinem Herzen will Er so eine Beziehung mit den Menschen haben. Alle bedeutungsvollen Beziehungen verlangen diese Verletzbarkeit.

Mose war im Begriff ein Prototyp zu werden. Gott hat über niemand anders gesagt: *„Und es stand in Israel kein Prophet mehr auf wie Mose, den der Herr gekannt hätte von*

Angesicht zu Angesicht." (5. Mose 34,10; Elberfelder)

Mose nimmt jetzt seinen Platz in der Geschichte an der Seite Abrahams ein, den Gott Seinen Freund nannte. Doch die Beschreibung, die Er für Seine Beziehung mit Mose hat, deutet eine noch etwas größere Vertrautheit an: von Angesicht zu Angesicht.

Gott zieht uns in unsere Bestimmung hinein, indem Er sich uns offenbart. Der Geist der Offenbarung ist am wichtigsten. Solch eine Offenbarung ruft in uns Hunger hervor, einen Hunger, der nur von Ihm gestillt werden kann. Eine Generation nach der anderen erhält die Offenbarung, Stück für Stück und Schicht für Schicht. Mose betrat eine Dimension Gottes, die neu für die Menschheit war.

Und Gott fuhr fort:

> *„Ich bin der Herr. Ich bin Abraham, Isaak und Jakob als ‚der allmächtige Gott' erschienen, aber unter meinem Namen ‚der Herr' habe ich mich ihnen nicht zu erkennen gegeben." (2. Mose 6,2-3)*

Gott offenbarte sich Mose auf eine Weise, wie sie nicht einmal Abraham, der Glaubensvater, gekannt hatte. Und Gott ließ Mose auch wissen, in welchen Bereich der Bevorzugung er da eingetreten war. Jedes bisschen erweitertes Verständnis ist sowohl eine Einladung in eine Beziehung als auch eine neue Hochwassermarke, die von der nachfolgenden Generation aufrecht erhalten werden soll.

> *Was noch kommen wird, weiß allein der Herr, unser Gott. Seinen Willen hat Er uns und unseren Nachkommen jedoch für immer gezeigt, damit wir alle Anweisungen dieses Gesetzes befolgen. (5. Mose 29,29)*

Mit anderen Worten: Mose erbte die Offenbarung über das Wesen Gottes, die Abraham bekommen hatte. Er wusste schon, dass Gott der Allmächtige war. Doch nun würde Mose eine zusätzliche Erkenntnis bekommen, die die ganze Zukunft Israels formen würde. Gott offenbarte sich als der Herr, was übersetzt Yhvh oder Jehova heißt (der richtige Name des Gottes Israels). Unter diesem Namen würde Gott von diesem Zeitpunkt an von Seinem auserwählten Volk gekannt werden.

Offenbarung ist zunächst dazu da, Beziehung zu schaffen, und letztendlich dient sie der Veränderung in unserem Leben. Wir werden verändert durch eine erneuerte Denkweise (siehe Römer 12,2). Und veränderte Menschen verändern Städte.

Gott interessiert es wenig, dass wir ein vertieftes Verständnis von Konzepten haben, wenn kein Zuwachs an Beziehung damit einhergeht. Wenn Gott uns eine Offenbarung gibt, lädt Er uns zu einer neuen Erfahrung ein: Ihn zu erkennen. *„Und ihr könnt auch die Liebe erkennen, die Christus zu uns hat; eine Liebe, die größer ist, als ihr je begreifen werdet. Dadurch wird euch der Reichtum Gottes immer mehr erfüllen." (Epheser 3,19)* Dieser Vers besagt, dass wir durch Erfahrung etwas wissen können, was unser Wissen, oder genauer gesagt, unser Verständnis, übersteigt.

Moses Rolle war ganz sicher beängstigend. Doch er war einzigartig, einzigartig in dem Sinn, dass er sich wie nur wenige in der Geschichte auf Gott einließ. Mein Fußballtrainer hätte ihn als jemanden beschrieben, der 110 Prozent gibt, mehr als das, was scheinbar möglich ist. In diesem Kontext kommt mir der Vers in den Sinn: *„Denn viele sind eingeladen, aber nur wenige sind auserwählt." (Matthäus 22,14)*

Seine Antwort an Gott beförderte ihn aus seiner Position dessen, was möglich ist, in eine Position, in der er stark bevorzugt wurde. Eine gesteigerte Gunst von Gott hängt also wirklich sehr davon ab, was wir mit dem Wohlwollen gemacht haben, das wir schon haben. Mose war eingeladen gewesen, doch jetzt war er auserwählt. Er war einer, der das nahm, was Gott ihm anbot und damit mit hemmungsloser Hingabe einfach loslief.

Erinnern Sie sich daran: Mose war derjenige, mit dem Gott gern zusammen war. Was für einen Auftrag gab Gott ihm? Wir wissen, dass er Israel aus Ägypten herausführen sollte, von dem Ort der Sklaverei in die Freiheit. Doch was stand wirklich im Zentrum seines Auftrages? *„Lass mein Volk ziehen, damit es mir in der Wüste dienen kann."* Das wird zahlreiche Male wiederholt (siehe 2. Mose 7,16; 8,1 und 20; 9,1 und 13; 10,3). Dieses Wort „dienen" wird auch für das Wort „anbeten" benutzt. Die Israeliten haben in ihrer Erfahrung ein herrliches Bild von der Kombination von Arbeit und Anbetung, das im heutigen Verständnis der Kirche sehr selten ist. Der besondere Fokus dieser Berufung lag darauf, dass Mose Israel aus der Gefangenschaft in Ägypten an einen anderen Ort bringen sollte, damit sie Gott mit Opfern anbeten konnten. Es ist angebracht, dass derjenige diesen Auftrag bekommt, dem Gott eines Tages von Angesicht zu Angesicht begegnet.

Gegenwart und Anbetung

Später würde König David einige Dinge über Gottes Reaktion auf unsere Anbetung entdecken, die zu Moses Zeiten noch unbekannt waren. Jede Generation hat Zugang zu mehr als die vorhergegangene. Das ist Gottes Gesetz von Zinseszins. David erkannte insbesondere, wie Gott auf das Lob Seines Volkes antwortet. Gott reagiert mit Seiner Gegenwart. Der Ruf Gottes auf der Nation Israel lautete, Ägypten zu verlassen um anzubeten. Sie wurden zu einem Volk, das für die Gegenwart Gottes bekannt wurde. Er würde zu dem Faktor werden, der sie von anderen Völkern unterschied.

Es lag Gott am Herzen, dass Sein gesamtes Volk Israel zu Priestern würde. Er befahl Mose sogar, Israel von Seinem Begehren zu unterrichten. *„Ihr sollt mir ein Königreich von Priestern, ein heiliges Volk sein." (2. Mose 19,6)* Priester dienen Gott. Der Plan Gottes, ein Volk Seiner Gegenwart zu haben, war schon in vollem Gang.

Anbetung ist aus vielen Gründen mächtig. Einer der wichtigsten Gründe ist der, dass wir immer wie das werden, was wir anbeten. Schon allein das würde Israel auf eine neue Ebene bringen. Doch diese Berufung Gottes auf Seinem Volk würde nicht unbemerkt vonstattengehen.

Der Teufel hat große Angst vor einem Volk, das anbetet. Er stört sich nicht an selbstgefälliger Anbetung, da sie genau das Gegenteil von dem Echten zu bewirken scheint: Sie tötet unsere Sensibilität dem Heiligen Geist gegenüber ab und arbeitet genau entgegengesetzt zu den Auswirkungen hingegebener Anbetung. Selbstgefällige Anbetung ist ein Gegensatz in sich selbst.

Satans Strategie gegen Gottes Volk und ihren Ruf als Gottes Vertraute war noch nie deutlicher als da, wo er seine Hand durch Pharaos Worte zeigte:

Ich lasse euch ziehen, damit ihr dem Herrn, eurem Gott, in der Wüste Opfer bringen könnt (…) Aber entfernt euch nicht zu weit. (2. Mose 8,24)

Bequemlichkeit und Opfer können nicht nebeneinander existieren. Das Gehen ist ein Opfer, und ein Volk, das nicht opfert, stellt keine Gefahr für den Teufel dar. Der Feind weiß, dass eine Kraft im Opfer steckt, und er wird alles Mögliche versuchen uns davon abzulenken das Opfer zu bringen. Manchmal erreichen wir unsere Bestimmung deshalb nicht, weil wir darauf bestehen, dass sie sich dort erfüllt, wo wir sind – in angemessenem Rahmen und mit möglichst geringem Aufwand unsererseits. Oft können wir in der Anbetung nicht weiterkommen, bevor wir Gott nicht auf neue Weise kennenlernen. Über die Jahre hinweg habe ich so viele Leute sagen hören: „Also, wenn es Gottes Wille ist, mächtig in meinem Leben (oder meiner Gemeinde) zu wirken … Er weiß ja, dass wir hungrig sind, und Er weiß, wo Er uns findet!" Schwachsinn! Er ist kein kosmischer Hotelpage, der durch das Universum hüpft um alle unsere Wünsche zu erfüllen. Er hat einen Plan. Und wir müssen uns in Seinen Plan hinein begeben. Weise Männer reisen immer noch – sowohl im Natürlichen als auch bildlich gesprochen.

Ich lasse euch ziehen (…) Aber entfernt euch nicht zu weit. (2. Mose 8,24)

Die Furcht vor Fanatismus hat viele Gläubige von ihrer Bestimmung abgehalten. Wir können dem, der an unserer Stelle am Kreuz gestorben ist, nur folgen, wenn wir Seine Hingabe widerspiegeln. Der Extreme ruft andere Extreme, dass sie kommen und Ihm nachfolgen. Mit dieser Gruppe wird Er die Welt verändern. Eine Tiefe ruft immer noch die andere. Die Tiefe Gottes sucht immer noch nach Menschen, die eine ähnliche Tiefe in ihrem Herzen haben um Ihm gleichermaßen zu antworten (siehe Psalm 42,8; Luther 1984). Warnte uns Jesus in dem Gleichnis von der Saat und dem Sämann nicht vor dem, der keine Tiefe in sich selbst hat?

> *„Aber wie bei jungen Pflänzchen in einem solchen Boden reichen ihre Wurzeln nicht sehr tief. Zuerst kommen sie gut zurecht, doch sobald sie Schwierigkeiten haben oder wegen ihres Glaubens verfolgt werden, verdorren sie." (Matthäus 13,21)*

> *Ihr Männer dürft gehen und dem Herrn dienen. (2. Mose 10,11)*

Es gibt keinen stärkeren Gegner für die Mächte der Finsternis als ein vereintes Opfer von mehreren Generationen. An dieser Stelle sehen wir das Geheimnis des Zinseszins in den Dingen des Geistes in Aktion. Die Tatsache, dass der Teufel so viel Mühe hineinsteckt, Familieneinheiten auseinanderzubringen und Generationen zu zersplittern, sollte uns zeigen, wie wichtig das ist. Es ist allzu üblich geworden, dass ein Mitglied der Familie als der Geistliche heraussticht, während der Rest der Familie für seine Selbstgefälligkeit bekannt ist. Tragischerweise erhebt sich der Geistliche oft in seinem Stolz, was zu Spaltung führt, oder er senkt sein Maß an Leidenschaft um sich dem kleinsten gemeinsamen Nenner in der Familie anzupassen. Keiner der beiden Wege ist effektiv.

„Wer bin ich?"

Brennen Sie mit Leidenschaft, was auch kommen mag, aber bewahren Sie Demut und seien Sie ein Diener aller. Der Impuls, der entsteht, wenn Generationen zusammenarbeiten, bringt einen geistlichen Reichtum mit sich, der es möglich macht, dass denen, die glauben, nichts unmöglich ist.[2] Selbst die Einheit außerhalb von Christus ist kraftvoll. Betrachten Sie Babel.

> *„Auf", sagten sie, „wir wollen eine Stadt errichten mit einem Turm, der bis in den Himmel reicht - ein Denkmal unserer Erhabenheit! Es wird verhindern, dass wir uns über die ganze Welt zerstreuen." „Sieh, was sie begonnen haben zu bauen. Weil sie dieselbe Sprache sprechen und ein Volk sind, wird ihnen nichts unmöglich sein, was sie sich vornehmen!" (1. Mose 11,4+6)*

Wenn sich ein Volk miteinander vereint um Seine Ziele zu verfolgen, und wenn man dann noch die übernatürliche Kraft des auferstandenen Christus hinzugibt, wird ihnen nichts von dem unmöglich sein, was sie vorhaben zu tun.

> *Geht und dient dem Herrn. Nur eure Schaf- und Rinderherden sollt ihr hier lassen. Aber eure Kinder dürfen mit euch gehen. (2. Mose 10,24)*

Dieser Vers sagt eine Menge aus. An diesem Punkt war der Teufel sogar bereit, seine unmittelbaren Pläne aufzugeben ihre Kinder zu beeinflussen und zu kontrollieren,

2 Lesen Sie dazu das Buch „Momentum. Was Gott beginnt, endet nie!" von Eric Johnson und Bill Johnson. Es ist auch im Grain Press Verlag erschienen.

solange er noch ihr Geld verwalten konnte. Das Neue Testament enthüllt diese Macht und sagt uns, dass Geldgier Götzendienst ist (siehe Kolosser 3,5). Was für ein bedeutungsvolles Opfer kann ich Gott nur bringen, das nicht mein Geld oder meinen Besitz mit einschließt? Nichts Beeindruckendes. Ein Opfer aus Bequemlichkeit wahrt die Form, das Ritual und das Image. Keines dieser Dinge bedroht den Teufel. Er nimmt sogar an solchen Veranstaltungen teil, in denen diese Prioritäten herrschen. Und seltsamerweise bleibt er dort unbemerkt. Wahre Anbetung schließt mein ganzes Wesen mit ein. Sie ist körperlich, emotional, geistlich, intellektuell und finanziell. Sie beinhaltet meine Beziehungen und meine Familie, und sie hat einen großen Einfluss auf die Grenzen, die ich für mein Leben gesteckt habe. Anbetung hat eine klare Ausrichtung: Gott und Sein Wert. Es geht wirklich alles um Ihn. Es dreht sich um Seine Gegenwart. Die Israeliten, die zu diesem Zeitpunkt eine Generation von Sklaven waren, waren zu Höherem bestimmt! Und ihr erster Schritt um in diese Größe hineinzukommen war es, Ihn verschwenderisch anzubeten.

Geht und dient dem Herrn, wie ihr gesagt habt. (2. Mose 12,31)

Jede Plage, jeder Gewaltakt und jeder Widerstand gegen die Feinde Gottes zeigt nur, dass Gott keine Kosten und Mühen scheut, das zu bewahren, was Ihm so wichtig ist: ein Volk seines Vertrauens, das Ihn anbetet. Mike Bickle drückt es am besten aus: „Alle Urteile Gottes richten sich gegen das, was der Liebe in die Quere kommt.“ Doch die Geschichte endet nicht hier. Wir haben gesehen, dass die

Menschen dazu aufgerufen sind, alles niederzulegen, wenn sie Gott als Anbeter nachfolgen wollen. Nur wenige Verse später sehen wir, wie Gott sie dafür belohnt. *„Der Herr hatte dafür gesorgt, dass die Ägypter den Israeliten wohlgesinnt waren (…) Auf diese Weise plünderten sie die Ägypter aus." (2. Mose 12,36)* Gerade wenn Sie denken, dass Sie alles aufgegeben haben um Gott nachzufolgen, gibt Er Ihnen noch mehr, das sie opfern können.

Das Wasser steigt höher

Israels Reise ist wild und lang. Und schließlich schaffen sie es auch, in Sein Land der Verheißungen zu kommen. Doch ich möchte, dass wir zunächst von Moses Leben lernen. Er sollte zum Beispiel für etwas werden, in das eine ganze Nation hineinkommen konnte. Um diesen Punkt zu unterstreichen, beschreibt er sogar seine prophetische Begabung als etwas, das für alle gelten sollte. *„Ich wünschte mir, dass alle aus dem Volk des Herrn Propheten wären und dass der Herr Seinen Geist auf alle legte!" (4. Mose 11,29)* Mose war ein Prototyp, weil er einen Lebensstil vorlebte, der über dem Gesetz stand. Nicht in dem Sinne, dass das Gesetz nicht für ihn galt. Doch er stand in dem Sinne über dem Gesetz, dass er auf eine Weise Zugang zur Gegenwart Gottes hatte, wie es durch das Gesetz sogar für den Stamm der Priester (die Leviten) verboten war. Von daher gibt es etwas im Lebensstil Moses, das uns ein prophetisches Bild davon gibt, was im neuen Bund, der noch kommen sollte, möglich sein würde.

Wenn ich mir die Reise des Volkes Israel anschaue und die Erlebnisse, die die vielen Führer im Alten Testament mit Gott gemacht haben, ist 2. Mose 33 aus meiner Sicht das Kapitel der Bibel, das am meisten heraussticht. Mose begegnete Gott mehrere Male von Angesicht zu Angesicht. Doch nur einmal leuchtete sein Gesicht von der Gegenwart Gottes, als er von seinem Treffen mit Gott auf dem Berg herunter kam. Er strahlte förmlich Gottes Gegenwart aus (siehe 2. Mose 34,30). Dieses Phänomen sehen wir erst wieder bei Jesus auf dem Berg der Verklärung (siehe Matthäus 17,2). Doch bei Jesus leuchteten sogar die Kleider von der Herrlichkeit Gottes.

Diese Begegnung mit Gott unterschied sich jedoch erheblich in ihrer Auswirkung auf Mose. Er bat dieses Mal darum, die Herrlichkeit Gottes sehen zu dürfen, und Gott ließ Seine ganze Güte vor seinen Augen vorüberziehen (siehe 2. Mose 33,19). Die Folge war, dass Moses Gesicht leuchtete, weil er die Güte Gottes gesehen hatte. Eine Offenbarung von Gottes Güte verändert unseren Gesichtsausdruck. Gott möchte das Gesicht Seiner Kirche wieder durch eine Offenbarung Seiner Güte verändern. Er sehnt sich danach, zu sehen, wie ein Volk aufsteht, das die Gute Nachricht nicht nur in Form von Worten weiterträgt. Er sehnt sich danach, zu sehen, wie ein Volk aufsteht, das die Gute Nachricht mit Kraft weitergibt, nämlich durch eine Person (siehe 1. Korinther 4,20). Und das ist Seine Gegenwart.

Wir müssen außergewöhnliche Dinge von einem außergewöhnlichen Bündnis erwarten.

Die alte Ordnung mit ihren in Stein gehauenen Gesetzen führte zum Tod, obwohl sie mit einer solchen Herrlichkeit begann, dass das Volk Israel nicht einmal den Anblick von Moses Gesicht ertragen konnte. Denn sein

Gesicht strahlte die Herrlichkeit Gottes aus, auch wenn dieser Glanz bald wieder verging. Können wir da nicht noch weit größere Herrlichkeit erwarten, wenn der Heilige Geist Leben schenkt? (2. Korinther 3,7-8)

Wir müssen mehr erwarten!

Der höchste Ruf

Wie wollen Sie, dass die Leute sich an Sie erinnern? Menschen arbeiten so hart daran, ein Image aufzubauen und sich einen Ruf zu verschaffen. Für manche ist es ihre Schönheit oder ihre Begabung. Für andere ist es ihr Stellenwert oder ihr Platz in der Gesellschaft. Und wieder andere arbeiten daran, sich ein Image über ihre Geistesgaben aufzubauen. Die Bibel lehrt uns sogar über den Wert eines guten Rufs (siehe Sprüche 22,1). Offensichtlich ist das etwas Wichtiges, wenn man es richtig angeht. Doch wenn Sie eine Sache wählen könnten, für die Sie bekannt sind, eine Sache, die Sie von allen anderen unterscheidet; was wäre es?

Gott hat den Ruf Israels für sie vorherbestimmt. Zumindest wählte Er, wie Er gern hätte, dass ihr Ruf wäre. Israel war die kleinste, unbedeutendste und schwächste aller Nationen. In ihren natürlichen Qualitäten hob sie nichts von irgendeiner anderen Volksgruppe ab. Doch eine Sache sollte sie aussondern: *„Ich selbst werde mit dir gehen, Mose. Ich will dir Ruhe verschaffen." (2. Mose 33,14)* Die Herrlichkeit Gottes, Seine manifeste Gegenwart, würde zu ihrem besonderen Kennzeichen werden.

Denn woran soll man erkennen, dass Du Deinem Volk und mir wohlgesinnt bist? Doch einzig daran, dass Du mit uns ziehst und wir uns deshalb vor allen anderen Völkern auf der Erde auszeichnen. (2. Mose 33,16)

Sie würden sich durch die Gegenwart Gottes von allen anderen Völkern abheben.

Bevorzugte Lieblinge

Die Kirchengeschichte ist voll von Menschen, denen auf ungewöhnliche Weise Gottes Gunst zuteil geworden ist. Die meisten von uns haben Lieblinge; solche, die wir aus unterschiedlichen Gründen bewundern, oftmals entsprechend unserer eigenen Geschichte und unseres Hintergrunds. Diese Glaubenshelden haben Bereiche von Gott berührt, nach denen wir uns sehnen. Ihr großer Durchbruch sollte immer zur neuen Norm für uns werden. Ihr Beispiel lädt uns dazu ein, Ihm auf die gleiche Weise nachzugehen. Er heißt immer noch alle willkommen.

Im Licht des Themas dieses Kapitels ist Kathryn Kuhlman eine der Personen, die ich am meisten bewundere. Ich hatte das Vorrecht, sie als junger Mann bei mehreren Gelegenheiten zu treffen. Ich respektiere sie aus so vielen Gründen sehr! Die Wunder, die in ihren Veranstaltungen passierten, sind sicherlich einer der Gründe. Doch lassen wir das einen Moment beiseite. Ich würde Ihnen gerne sagen, was sie nicht war – ohne dabei respektlos zu klingen. Sie war nicht als große Bibellehrerin oder großartige Predigerin bekannt, wobei sie beides auch konnte. Sie besaß keine natürliche Schönheit, wie manch andere, die dadurch bei den Leuten schon im Voraus an einen höheren Platz in der Beliebtheitsskala rutschen. Sie war keine gute Sängerin, die die Menschenmassen mit einer genialen Stimme bewegte. Und die Liste geht noch weiter. Was konnte sie? Sie schien einfach eine Person zu sein, mit der Gott gern zusammen ist. Sie ist für Seine Gegenwart bekannt. Die Wunder kamen von dieser einen Sache. Die Massenbekehrungen kamen von dieser einen Sache. Die Höhen in der Anbetung, die Leute in ihren Veranstaltungen erlebten, kamen von dieser einen Sache. Sie war eine Frau der Gegenwart Gottes.

Ich bekomme immer noch feuchte Augen, wenn ich mir das Video ansehe, in dem sie über ihre völlige Auslieferung an den Heiligen Geist sprach. Das ist wirklich ein ernüchternder Augenblick. Sie bezeugt den genauen Zeitpunkt und den präzisen Ort, an dem sie ihr endgültiges Ja zu Gott gesagt hat. Diese Momente enthüllen nicht gerade unsere Stärke. Sie offenbaren genaugenommen unsere Schwächen. Um das Beste aus uns herauszuholen müssen wir mehr von Gott abhängig sein. Wenn ich je jemanden getroffen habe, dem seine völlige Abhängigkeit von Gott bewusst war, dann ist das Kathryn. Sie sagte ja und erhielt das Vorrecht, Ihn auf eine Weise bei sich zu Gast zu haben, wie es sich wenige überhaupt nur vorstellen können.

Sie schaffte etwas, was so viele von uns in unserem Leben nicht hinbekommen: Sie wusste, wer sie nicht war. So viele versuchen Sauls Rüstung zu tragen indem sie versuchen, mit den Gaben eines anderen zu dienen.[3]

3 König Saul versuchte, David dazu zu kriegen, seine eigene Rüstung zu tragen, als er ihm erlaubte gegen Goliath zu kämpfen. Saul war ein großer Mann. Die Rüstung passte nicht (siehe 1.

Wir sehen eine Person, die wir bewundern und versuchen oft eifersüchtig, so wie sie zu werden oder sie zu übertreffen. Jeder, der weiß, wozu Gott ihn gemacht hat, wird nicht versuchen jemand anders zu sein. Kathryn lebte das. Und sie veranschaulichte es aus dem einen, unübertrefflichen Grund: Sie war dafür bekannt, dass Gott mit ihr war.

Zwei Bündnisse

Moses Leben gilt heute als Einladung an alle, auf eine höhere Ebene mit Gott vorzudringen. Das Geniale daran ist, dass alles, was Mose erlebte, unter einem schwächeren Bündnis passierte. Seine Errungenschaften und Erfahrungen sollten von der Kirche hoch geachtet werden. Es wäre dumm, es nicht zu tun. Doch es wäre genauso töricht, die Tatsache zu ignorieren, dass die Hochwassermarke des Alten Testamentes nicht die Hochwassermarke des Neuen Testamentes bleiben sollte. Es ist unpassend, den größeren Segen von einem minderwertigen Bund zu erwarten. Unsere Glaubenshelden des Neuen Testaments verstanden das. Es gab ihnen die Berechtigung, sich nach mehr auszustrecken.

> *Der Tod Christi erfüllte die Forderungen des Alten Bundes und entzündete das Feuer für den Neuen Bund. „Dieser Kelch ist der neue Bund zwischen Gott und euch, besiegelt durch mein Blut. Wann immer ihr daraus trinkt, tut es zur Erinnerung an mich.“ (1. Korinther 11,25)*

Samuel 17,38-39). Das stellt die Zeiten dar, in denen wir versucht sind, in den Auftrag und die Gaben eines anderen hineinpassen zu wollen um Gottes Willen für unser Leben auszuführen. Es funktioniert nicht.

Als Jesus starb, ebnete Er den Weg dafür, dass wir Menschen täglich direkt in Gottes Gegenwart kommen können. Davon hatte man zur Zeit Moses noch nichts gehört. Nur der Hohepriester konnte das, und auch nur an einem Tag im Jahr, am Tag der Versöhnung. Das Blut machte es möglich, ein Volk Seiner Gegenwart zu werden. Natürlich steht uns diese Möglichkeit viel mehr zur Verfügung als damals dem Volk Israel im Alten Bund. Doch der lebensverändernde Faktor ist Jesu Tod, er machte es nicht nur möglich, dass wir täglich in die Gegenwart Gottes kommen können, sondern auch, dass die Gegenwart Gottes kommt und dauerhaft in uns bleibt. Wir sind zur ewigen Wohnung Gottes geworden (siehe Epheser 2,22). Unfassbar!

Fehlende Teile

„Nur Narren sagen sich: ‚Es gibt keinen Gott.'" (Psalm 14,1) Allerdings stellen viele Seine Existenz in Frage, und Sein Wesen wird auch von den meisten anderen hinterfragt. Da der Schreiber des Hebräerbriefes die Eigenschaft des Glaubens und die Spannung in diesem Dilemma kannte, schrieb er: *„Wer zu Ihm kommen möchte, muss glauben, dass Gott existiert und dass Er die, die Ihn aufrichtig suchen, belohnt." (Hebräer 11,6)* Das Vertrauen auf Seine Existenz und Seinen Charakter sind die Grundlagen für aktiven Glauben. Glaube gedeiht, wenn wir diese beiden Dinge geregelt kriegen. Und das bedeutet nicht nur zu wissen, dass Er existiert – irgendwo da draußen. Es bedeutet zu wissen, dass Er gegenwärtig ist, jetzt und hier. Diese Art von Wissen zeigt sich in unserer Reaktion, dass wir

Ihn gewissenhaft suchen. Es ist diese Art von Vertrauen auf Gott. Wenn wir Sein Wesen verstehen, werden die Rahmenbedingungen für unseren Glauben abgesteckt. Und dieser Rahmen ist gut und umfassend.

Mose hatte eine Reihe von lebensverändernden Begegnungen mit Gott. Die herausragendste war, als er die Fülle von Gottes Güte gesehen hat. Das größte Vakuum in den Herzen und Köpfen der Menschheit besteht darin, dass wir Gottes Wesen verstehen wollen, besonders weil es Teil der Güte Gottes ist. Es hat den Anschein als könnte man nicht über die extreme Freundlichkeit Gottes sprechen, ohne dass jemand besorgt die „schludrige Agape" anspricht, wie sie oft genannt wurde, oder ein Christentum, in dem alles erlaubt ist. Leider hat die Angst davor, Seine Güte überzubetonen viele von der Freiheit abgehalten, die Er für sie erworben hat. Es ist kein Gerücht: Er ist wirklich gut! Immer gut! Und wenn ich Seine Güte entdecke, befähigt mich das dazu, Ihm mit hemmungsloser Hingabe zu dienen.

Es ist schwer sich vorzustellen, dass es jemanden gibt, der sich diesem Gott der vollkommenen Güte nicht ausliefern will. Wenn wir bedenken, dass sogar die Kirche mit diesem Bild Schwierigkeiten hat, sollte es uns nicht überraschen, dass die Ungläubigen sie haben. Sie brauchen mehr als Worte. Sie müssen mit Seiner Gegenwart einhergehen.

Es wird von Gott als *„die Schätze aller Nationen" (Haggai 2,7)* gesprochen. Das zeigt mir, dass alle einen König wie Jesus wollen. Er ist das, wonach sich alle sehnen und doch haben sie angefangen zu bezweifeln, dass Er überhaupt existiert. Die Gemeinde repräsentiert Jesus, was so viel bedeutet, wie das sie Ihn wieder neu präsentiert. Wenn wir Ihn aufnehmen und in diesem Prozess Ihm ähnlicher werden können, dann erfährt die Welt vielleicht, *„wie Gottes Freundlichkeit dich zur Umkehr bewegen will" (Römer 2,4)*. Sie werden auch sagen können: *„Ich habe geschmeckt und gesehen, dass der Herr gut ist." (siehe Psalm 34,9)*

4

Eine Gegenwart, die befähigt

Die am meisten gefürchteten und respektierten Leute des Alten Testamentes waren die Propheten. Wenn sie sprachen, geschah etwas. Ihre Interaktionen mit Gott brachten eine sehr gesunde Gottesfurcht hervor, die oftmals einen großen Einfluss darauf hatte, wie die Menschen dachten und lebten. Es gab eine Sache, die sie vom Rest der Masse unterschied, und zwar, dass der Geist des Herrn auf sie kam. In diesem Moment veränderte sich alles. Sie wurden von einem respektierten Mitbürger einer Stadt zu einem gefürchteten Bürger des Himmels. Sie hatten zweifelsohne eine ungewöhnliche Gabe von Gott bekommen: Sie konnten sehen. Doch der Geist Gottes, der auf ihnen war, hatte die überwältigendsten Auswirkungen. Gott sprach durch sie und bestätigte Sein Wort mit Zeichen und Wundern. Diese ungewöhnlichen Leute verursachten einige der bizarrsten Augenblicke der Geschichte. Und sie bereicherten uns.

Die Propheten waren am meisten gefürchtet, weil der Geist Gottes auf sie kam. Das ist alles. Der Geist Gottes, der den Himmel mit Seiner Gegenwart durchtränkt, ruht auf Menschen. Und wenn Er das tut, passieren Dinge. Diese frühen Propheten trugen die Gegenwart Gottes auf eine Weise, die besonders zu ihrer Zeit selten war. Ihre Rolle wird selbst in unserer Zeit noch oft missverstanden. Sie spielten eine entscheidende Rolle darin, immer mehr zu offenbaren, wie das Zusammenspiel zwischen Gottes beständiger Gegenwart und der Bestimmung des Menschen auf der Erde aussehen kann. Wenn wir ihre Geschichte genau ansehen und die Dynamik erkennen können, die von diesen großartigen Männern und Frauen Gottes in Gang gesetzt wurde, werden wir den Auftrag für unsere Zeit bereitwilliger annehmen können. Unsere Zeit soll eine bessere sein, so wie Gott es versprochen hat: *„Die künftige Herrlichkeit dieses Hauses wird größer sein als seine vergangene Herrlichkeit." (Haggai 2,9)* Außerdem sollten wir durch die Fortschritte, die die vorhergegangenen Generationen für uns errungen haben, den Vorteil von größerer Klarheit unserer Herzen und Sinne haben.

So viele dieser Geschichten geben uns prophetische Einblicke in die Zukunft – eine Zeit, in der das normal wird, was davor bizarr und abwegig war. Selbst jetzt leben wir mit manchen Dingen in der Gemeinde, die einmal als ausgefallen oder unmöglich betrachtet wurden. Ob Sie es glauben oder nicht: Die Dinge bewegen sich vorwärts!

Es gibt ein offensichtliches Voranschreiten der Offenbarung Gottes für Sein Volk, und eine Zunahme Seiner manifesten Gegenwart und Herrlichkeit. Er meinte es ernst, als Er sagte: *„Seine Herrschaft ist groß und der Frieden auf dem Thron Davids und in seinem Reich wird endlos sein." (Jesaja 9,6)* Es hat auch schon eine Steigerung gegeben, seit diese Worte ausgesprochen worden sind. Wir müssen unser Denken und unsere Sicht anpassen, damit wir das nicht nur erkennen, sondern auch an dem mitarbeiten, was Gott gerade tut. Es heißt über uns auch: *„Der Weg der Gottesfürchtigen ist wie der erste Sonnenstrahl am Morgen, der immer heller leuchtet, bis das volle Licht des Tages erstrahlt." (Sprüche 4,18)* Wir sollten und müssen eine Vorwärtsbewegung erwarten.

Wenn wir weniger erwarten als einen Fortschritt, heißt das, dass wir uns gedanklich dagegen sträuben, dass Gottes Gerechtigkeit auf der Erde durch Sein Volk zunehmend an Ausdruck gewinnt.

Uneingeschränkt Sein Eigen

Wenn der Geist Gottes auf eine Person kommt, wirkt Er meistens durch sie entsprechend ihrer Reife und ihrer Bereitschaft gebraucht zu werden. Ich habe mehrere Begebenheiten miterlebt, in denen der Geist Gottes auf eine Person kam, die gar nicht hungrig nach Ihm war und in manchen Fällen waren die Betreffenden nicht einmal willig, von Ihm gebraucht zu werden. Mich als Beobachter erfüllte das mit Gottesfurcht. Gott handelte in Seiner Souveränität. Erstaunlich, furchtbar und wunderbar – alles gleichzeitig.

Cal Pierce, der Leiter des Healing-Room Dienstes mit Sitz in Spokane, Washington, hat eine solche Zeit erlebt. Ich sah, wie Gott ihn auserwählte. Selbst wenn ich noch tausend Jahre auf dieser Erde weiterlebe, werde ich doch nie vergessen, was ich an diesem Abend gesehen habe. Gott ergriff Besitz von einem Mann.

Meiner Frau und mir war angeboten worden, die neuen Pastoren der Bethel Gemeinde in Redding, Kalifornien zu werden. Die Leiterschaft hörte, was in der Gemeinde in Weaverville, Kalifornien passierte, in der wir Pastoren waren und in Bethel sehnten sie sich nach genau dem. Kurz nachdem wir dort angekommen waren, begann die Ausgießung des Geistes. Es war wunderbar, herrlich und kontrovers. Das ist immer so. Ein Teil der Gemeinde empfing die Ausgießung schnell mit offenen Armen, andere gingen. Die Dinge ereigneten sich so schnell, dass es den Mitarbeitern und Leitern unmöglich war, auf die Weise leitend einzugreifen, wie es nötig gewesen wäre. Auf Vorschlag von einem Mitarbeiter im Pastorenteam, ordneten wir eine geschlossene Veranstaltung nur für Mitarbeiter an. Sie wollten mir dabei helfen, die Gemeinde in dieser Bewegung zu leiten. In dieser Veranstaltung hatten wir Teams, die dazu bereit waren, dem Pastorenteam zu dienen und sie in diese göttliche Begegnung hineinzuführen, die so viele Leben veränderte. Es war wunderschön. Ich setzte das gleiche für unsere Leiterschaft an.

Irgendwas um die hundert Leute waren an diesem Abend versammelt. Ich erzählte kurz, was Gott gerade tat und lud den Heiligen Geist ein zu kommen. Es war wunderbar und simpel. Cal und Michelle Pierce waren Teil dieses Teams, da Cal mit im Gemeindeausschuss saß. Ich bekam im Nachhinein mit, dass ihnen nicht gefiel, was in der Gemeinde passierte, und dass sie drauf und dran waren, Bethel zu verlassen; die Gemeinde, in der sie sich über 25 Jahre lang engagiert hatten. Die umstrittenen Angelegenheiten und die ungewöhnlichen Manifestationen Gottes ließen ihre Herzen schnell erkalten. Doch an diesem Abend hatte Gott etwas Anderes vor. Ich sah dabei zu, wie Gott auf Cal fiel und ihn in Besitz nahm. Ich wünschte, ich könnte es anders beschreiben, doch das wäre nicht wahrheitsgemäß. Er wurde von Gott beherrscht und für etwas ausgewählt, das ihn nicht einmal interessierte. Als fast alle anderen den Raum schon verlassen hatten, stand Cal immer noch da. Er zitterte. Wellen der Herrlichkeit und Kraft pulsierten durch seinen Körper. Es war wunderbar. Es war herrlich. Es war ernüchternd, wirklich ernüchternd. Gott hatte diesen Mann auserwählt. Und die Frucht, die jetzt von Cal und Michelle ausgeht, zeugt von den Auswirkungen dieses Augenblicks, die nur in der Ewigkeit gemessen werden können.

Ich habe seit langer Zeit das Gefühl, dass allzu viel unter den Teppich der Souveränität Gottes gekehrt wird. Mit anderen Worten: Er wird für alles verantwortlich gemacht, was passiert. Die Leute gehen oft davon aus, dass alles, was passiert, Sein Wille sein muss, weil Er ja Gott ist. Sie nennen es Seinen souveränen Willen. Das ist schlichtweg nicht wahr. *„Denn er möchte nicht, dass auch nur ein Mensch verloren geht, sondern dass alle Buße tun und zu Ihm umkehren." (2. Petrus 3,9)* Geht jemand verloren? Ja. Ist das Gottes Wille? Nein. Deshalb betone ich gerne, dass wir für den Ausgang der Dinge eine Rolle spielen. Doch ich liebe es, wenn Er meinen Verstand und den Bereich, in dem ich mich sicher fühle, übersteigt und etwas so unglaublich Souveränes tut, dass die Furcht Gottes in mir wächst. Ich habe gelernt, dass Er nie Sein Wort missachten wird. Doch es scheint Ihm nichts auszumachen, unser Verständnis von Seinem Wort zu übertreten.

Ungewollt prophetisch

Einmal sprach ich bei „Jugend mit einer Mission“ in Colorado. Kris Vallotton, der damals ein Geschäftsmann war, begleitete mich, um mir zu helfen. (Jetzt ist er ein sehr erfahrener Prophet auf internationaler Ebene, der bei uns in Bethel mitarbeitet.) Wir sahen, wie der Geist Gottes auf wunderbare Weise auf viele Menschen kam. Doch Er ruhte auf einzigartige und kraftvolle Weise auf einer jungen Frau, die keinen Hintergrund in Sachen Geistesgaben hatte, besonders nicht im Prophetischen. Sie glaubte sogar nicht einmal, dass es sie überhaupt gab. Gott kam auf eine Weise auf sie, die alle aufrüttelte. Er wollte durch sie reden. Ehrlich gesagt kann ich nicht einmal sagen, dass sie dazu gewillt war. Bis es vorüber war, hatte sie keine Ahnung, was mit ihr und durch sie passierte. Es war so herrlich, und doch so ernüchternd. Die Worte, die der Herr durch sie sprach, waren kraftvoll und rein. Ihr extrem konservativer Hintergrund hatte sie vor vielem bewahrt, was diese Generation verunreinigt. Wir gingen mit ihr durch den Raum, um für Leute zu beten (die Salbung dafür lag offensichtlich auf ihr, nicht auf uns). Jede Person, zu der wir sie brachten, wurde durch ihre Worte mächtig vom Herrn berührt. Jedes prophetische Wort war so tiefgründig. Sie sprach von Dingen, die sie im Natürlichen nicht wissen konnte. War es wunderbar? -Ja. Herrlich? -Ja, nicht in Worte zu fassen. Doch Kris und ich verbrachten zwischen den einzelnen Veranstaltungen viel Zeit damit ihr zu dienen, weil es ihr Angst machte und das zu Recht. Wir wussten, dass das von Gott war. Doch es überstieg auch unsere Norm.

Diese Situation zeigt so einen großen Bedarf daran, dass wir in unserer Kultur ein Verständnis davon haben, wie der Geist Gottes handelt. So viele Menschen haben niemanden, an den sie sich wenden können, wenn Gott sie auf ungewöhnliche Weise berührt. Die übliche Reaktion vieler in der Gemeinde ist es, dass sie versuchen, das Mittelmaß zu halten, sodass unsere Erfahrung mit Gott auf den kleinsten gemeinsamen Nenner heruntergeschraubt wird. Oft wenden sich die Leute unwissentlich von der Salbung in ihrem Leben ab, um ihr Kontrollvermögen zu behalten. Das andere Extrem ist: Manchmal glauben sie, dass sie verrückt werden, weil sich ihre Erfahrung von der aller anderen zu unterscheiden scheint. Der Feind arbeitet daran, uns zu isolieren, das ist einer seiner Tricks. Und am Ende sabotieren wir dann das, was Gott tut. Leute in dieser Lage brauchen Hilfe, die Gabe, die in ihnen steckt, zu begreifen und von ihr zu lernen.

Kris‘ persönliche Geschichte ist ziemlich tiefgründig. Es dauerte Jahre, bis er entdeckte, was Gott in ihm tat, weil es sich so außerhalb des Rahmens unserer Geschichte und Erfahrung bewegte. Hätten wir in den Anfangsjahren seiner Entwicklung mehr erfahrene Leute bei uns gehabt, hätten wir ihm einige turbulente Jahre ersparen können. Aus diesem Grund hat er so ein Herz für diejenigen, die diese ungewöhnliche prophetische Gabe in ihrem Leben haben.

Ich weiß, dass es viele gibt, die glauben, dass derartige Begegnungen nicht von Gott kommen können. Immerhin ist der Heilige Geist ein Gentleman. Zumindest wurde mir das in den wunderbaren Jahren der Charismatischen Erneuerung in den 60ern, 70ern und frühen 80ern so gesagt. Ein Gentleman? Meine Antwort lautet: Vielleicht schon, dann aber gemäß Seiner eigenen Definition des Wortes Gentleman. Erinnern Sie sich daran: Dieser Gentleman stieß Saulus von Tarsus von seinem Esel (siehe Apostelgeschichte 9). Lesen Sie Ihre Bibel! Er tut, was Ihm gefällt! Er ist Gott, und Er wird nicht in Ihr Schema hineinpassen.

Es gibt viele, die sich sehr davor fürchten, dass Gott so etwas mit ihnen tun würde. Und als Folge davon gelangen sie nie an den Punkt, an dem sie sich völlig hingeben. Und dann gibt es eine ganz andere Masse, die denkt, dass alles von alleine in Ordnung kommen würde, wenn Gott sie nur auf diese Art berührte. Gott kennt uns in und auswendig. Er kennt unser größtes Bedürfnis und unser größtes Verlangen. Als der perfekte Vater will Er uns genau das geben, was wir brauchen um auf eine neue Ebene zu gelangen. Doch Er weiß auch, was uns von unserem Ziel und unserer Entwicklung ablenken würde. Wir müssen Ihm vertrauen, dass Er diesen Bereich unseres Lebens organisiert, während wir dafür sorgen, dass wir uns nach allem sehnen und ausstrecken, was Er uns zur Verfügung stellt.

Ein verdorbener König

Mehrere Bibelgeschichten heben sich diesbezüglich hervor. Doch ich wähle zwei Stück wegen ihrer Einzigartigkeit aus. Die erste hat mit König Saul zu tun. Er fing als guter König an. Er hatte eine Leidenschaft für den Herrn und erhob sich mit rechtschaffener Empörung, als die Feinde Israels die Sicherheit Seines Volkes bedrohten. Doch man erinnert sich nicht deshalb an ihn. Man erinnert sich an ihn wegen seines Versagens, als er irgendwann zu einem bösen König wurde. Einem sehr bösen König.

Obwohl Gott von Anfang an wusste, was in Sauls Herz war, gab Er ihm jede Möglichkeit, es richtig zu machen. Zu Beginn prophezeite ihm der Prophet Samuel eine Begegnung, die alles verändern würde.

> *Dann wirst du nach Gibea Gottes kommen, wo Wachposten der Philister lagern. Und wenn du in die Stadt kommst, wirst du einer Gruppe Propheten begegnen, die vom Altar auf dem Hügel herabkommen. Sie werden auf einer Harfe, einem Tamburin, einer Flöte und einer Leier spielen, und sie werden weissagen. Zur gleichen Zeit wird der Geist des Herrn mit Macht über dich kommen, und du wirst mit ihnen zusammen prophetisch reden. Du wirst in einen anderen Menschen verwandelt werden. (1. Samuel 10,5-6)*

Der Geist des Herrn war schon auf den Propheten. Als Saul in ihre Atmosphäre eintrat, übertrug sich das auf ihn, was auf ihnen lag. Ich wünschte so sehr, wir würden es lernen zu erkennen, wenn der Geist Gottes auf einen anderen Menschen übergeht. Vielleicht könnten wir es lernen von dem zu profitieren, was Er in ihnen und durch sie tut, sodass wir bewusster von Seiner Gegenwart beeinflusst werden. Der Geist Gottes auf einer Person schafft im Hier und Jetzt eine himmlische Atmosphäre. In dem beschriebenen Fall war es eine Gruppe von Propheten. Hier haben wir also den exponentiellen Anstieg der Gegenwart und Kraft, der nur durch Einheit kommen kann. Zwei sind besser als einer, wenn sie vereint sind. Zwei sind weniger als einer, wenn sie gespalten sind. Diese Erkenntnis ist wesentlich dafür, dass wir in dem gehen können, was Er geplant hat. Es wird gemeinsame Salbung genannt.

Diese Begegnung sollte ihn darauf vorbereiten, der König zu sein, den Israel brauchte. Als der Geist Gottes auf ihn kam, wurde er in einen anderen Menschen verwandelt. Diese Begegnung veränderte wirklich alles an ihm. Jetzt lag es an ihm, den „neuen Garten zu pflegen", den Gott in seinem Herzen gepflanzt hat. Wir haben immer eine Funktion bei unserer eigenen Entwicklung. Gaben sind umsonst, doch Reife ist teuer. *„Wenn diese Zeichen eingetreten sind, dann tu, was du für richtig hältst, denn Gott wird mit dir sein." (1. Samuel 10,7)* Dieser Bereich des Heiligen Geistes würde für ihn notwendig werden um das zu erreichen, was Gott vorhatte, wenn er Israel in Sicherheit und Frieden führen sollte. Durch diese Mittel hätte er Zugang zu den Bereichen Gottes, um das zu tun, was die Lage erforderte.

Ein guter Anfang

Die prophetische Zusammenkunft ereignete sich genau so, wie Samuel es vorhergesagt hatte. Und sie befähigte Saul dazu, gut anzufangen. Er besaß die dringend erforderliche Demut und einen bezeichnenden Eifer für den Namen des Herrn. Dieses Treffen mit den Propheten machte ihn zweifelsohne zu dem Mann, den Gott in dieser Position brauchte. Doch Gott ist nicht für unser Potenzial verantwortlich, wir sind es. Der Himmel hat die Aufgabe sicherzustellen, dass wir alles haben, was wir brauchen, um unsere gottgegebenen Bestimmungen zu erreichen. Das Wort des Herrn wurde ausgesprochen und wir müssen handeln.

Durch eine Reihe verhängnisvoller Entscheidungen wurde Saul zum unglaubwürdigen König Israels. Gott begann sich nach einem anderen umzusehen, einem nach Seinem Herzen. Er fand einen jungen Mann, der die Schafe seines Vaters hütete. Er war ein Anbeter. Sein Name war David.

Eine der beängstigensten Aussagen, die man treffen kann ist: „Der Geist des Herrn hatte Saul verlassen." (1. Samuel 16,14) Bei der großen Gabe und der großen Verantwortung geht es nur um Seine Gegenwart. Später hören wir David in seinem eigenen Leben schreien: *„Verstoße mich nicht aus Deiner Gegenwart und nimm Deinen Heiligen Geist nicht von mir." (Psalm 51,13)* Die Gegenwart Gottes muss unser Schatz sein!

Der Gottlose wird zum Gesalbten

Hier kommt ein sehr seltsamer Teil der Geschichte. Es ist einige Jahre später, und Saul ist inzwischen ein sehr gottloser König. Er hasst die Salbung, und er hasst vor allem den Gesalbten, David. Es wurde offensichtlich für ihn, dass Gott einen anderen Mann als König ausgewählt hatte, weil Saul seine Position missbraucht hatte. Saul war neidisch auf David und versuchte ihn zu töten. Also schickte er Diener, um David gefangen zu nehmen, so dass er den loswerden konnte, der ihn an das erinnerte, was er verloren hatte.

> *Als Saul erfuhr, dass David in Najot in Rama war, schickte er Männer hin, die ihn gefangen nehmen sollten. Doch als sie ankamen und sahen, wie unter der Leitung Samuels die anderen Propheten weissagten, kam der Geist Gottes über Sauls Männer, und auch sie begannen prophetisch zu reden. Als Saul hörte, was geschehen war, schickte er weitere Männer, aber auch sie fingen an prophetisch zu reden. Und das Gleiche geschah noch ein drittes Mal. Schließlich machte sich Saul selbst auf den Weg nach Rama. Bei der großen Zisterne in Sechu fragte er: „Wo sind Samuel und David?" „Sie sind in Najot in Rama", antwortete man ihm. Doch auf dem Weg nach Najot in Rama kam der Geist Gottes über Saul, und auch er begann prophetisch zu reden, bis er in Najot in Rama ankam. Dort zog auch er seine Kleider aus und weissagte vor Samuel, bis er schließlich hinfiel und den ganzen Tag und die ganze Nacht auf dem Boden liegen blieb. Daher kommt das Sprichwort: „Gehört Saul auch zu den Propheten?" (1. Samuel 19,19-24)*

Wenn der Geist Gottes auf Menschen kommt, tun sie in Seinem Namen außergewöhnliche Dinge. Wenn der Geist Gottes auf eine Gruppe von Menschen kommt, lädt Er automatisch die Atmosphäre auf. Das ist in dieser Geschichte passiert. Die Propheten prophezeiten, und die Luft war schwer von der Gegenwart Gottes. Und die Diener, die mit einem mörderischen Auftrag kamen, fielen unter den Einfluss des Prophetischen und begannen außerhalb ihrer Begabung zu wirken. Sie prophezeiten. Er schickte eine zweite Gruppe, die auf die gleiche Weise auf die Salbung reagierte. Und schließlich schickte er eine dritte – mit genau dem selben Ergebnis. Das muss Saul unendlich frustriert haben. Er wusste, was mit ihnen geschah. Er wusste es, weil es Teil seiner eigenen Geschichte war. Er hatte die gleiche Erfahrung gemacht. Wahrscheinlich tötete er deshalb nicht die Diener, die an ihrem Auftrag scheiterten.

Ein Funke von Gnade

Das ist so ein erstaunliches Bild von Gnade. Deshalb sage ich: Es gibt viele Sachverhalte im Alten Testament, die eigentlich Bilder für Tatsachen im Neuen Testament sind. Und das ist einer davon. Gnade wird meistens als unverdientes Wohlwollen definiert. Und genau da muss man auch ansetzen um dieses bedeutende Wort zu definieren. Doch eine vollständigere Definition wäre: Sie ist unverdientes Wohlwollen, das Seine befähigende Gegenwart mit sich bringt. Hier gab die befähigende Gegenwart Gottes Menschen eine Chance, einen Geschmack von der Fülle des Lebens zu bekommen. Das gab Sauls Dienern sicherlich die Möglichkeit zu überdenken, wie sie ihr Leben leben wollten. Sie hatten das Leben im Geist geschmeckt. Hoffentlich hatte sich für sie damit jetzt alles andere erledigt. Das ist ein prophetischer Einblick in Gnade.

Saul entscheidet sich schließlich dazu selbst zu gehen. Und obwohl er sich in einem schrecklichen Zustand befindet (sein Herz ist voll von Bosheit), kommt auch er in die Atmosphäre der manifesten Gegenwart Gottes, die auf den Propheten liegt, hinein und prophezeit unaufhörlich. Der sonderbarste Teil der Geschichte ist, dass er alle seine Kleider auszog. Ich bin mir sicher, dass dieser Teil eine große geistliche Bedeutung hat, die ich nicht verstehe. Aber so viel weiß ich: Er kehrt, wenn auch nur für kurze Zeit, zu der Demut zurück, die er früher einmal besaß. Außerdem geht man ohne Kleider am Leib wahrscheinlich auch nicht so schnell irgendwo anders hin. Er scheint auszudrücken: „Ich bin verletzlich vor dem Propheten Samuel. Und ich gehe nirgendwo hin!“ Wieder hatte er die Möglichkeit für eine Veränderung durch die Salbung. Saul begegnete dem Heiligen Geist – der Salbung, die befreit. *„Und es wird geschehen an jenem Tag, da wird seine Last von deinen Schultern weichen und sein Joch von deinem Hals; ja, das Joch wird zersprengt werden wegen der Salbung.“ (Jesaja 10,27; Schlachter 2000)* Doch es blieb nichts bei ihm hängen. Sie können einen perfekt gepflanzten Garten haben, doch ohne ständige Pflege wird der Garten im Handumdrehen von Unkraut überwuchert sein.

Wir müssen das Leben verwalten, das Gott uns gibt. *„Von den Menschen jedoch, denen viel anvertraut wurde, wird viel verlangt, und von denjenigen, denen noch mehr anvertraut wurde, wird auch noch viel mehr verlangt werden.“ (Lukas 12,48)* König Salomo erlebte in seinem Leben eine Katastrophe, weil er an dieser einen Sache scheiterte. Gott gab ihm mehr zum Leben als irgendeinem anderen. Dieser Vers über ihn versetzt meinem Herzen einen Stich wie kein anderer: *„Der Herr wurde zornig über Salomo, weil sein Herz sich vom Herrn, dem Gott Israels, abgewandt hatte, obwohl Er ihm zweimal erschienen war." (1. Könige 11,9)* Gott gab Salomo die ungewöhnlichsten Begegnungen mit Ihm – zweimal – doch ihre Auswirkungen hatten keinen Bestand. Wir sind für das Rechenschaft schuldig, was uns gegeben wurde. Es liegt an uns, die Auswirkungen einer alten Erfahrung aktuell zu halten.

Ich habe gesehen, wie Menschen eine dramatische Berührung vom Herrn erleben. Und wenn sie diese Berührung nicht verwalten, gehen die Dinge in ihrem Leben schief. Kritiker der Erweckung haben einen Hang dazu, die Berührung durch Gott herunterspielen zu wollen. Sie sagen: „Sieh, ich hab es dir doch gesagt. Das war von vornherein nicht die Berührung Gottes in seinem Leben." Sollte Gott wegen Menschen in Frage gestellt werden? Jesus heilte zehn Aussätzige. Doch nur einer kam zurück um Ihm zu danken (siehe Lukas 17,15-18). Bedeutet das, dass die anderen Neun keine wahre Berührung von Gott erlebt hatten? Natürlich nicht! Die Gültigkeit von Gottes Werk wird nie von der Reaktion des Menschen darauf bestimmt, ob sie nun gut oder schlecht ist. Sein Werk wird daran gemessen: Sie hatten Aussatz, jetzt haben sie keinen mehr. Oder: *„Ich war blind, und jetzt kann ich sehen!" (Johannes 9,25)* Oder die Person, die von Gott berührt wurde, wurde von Krebs geheilt. Der Arzt hat es bestätigt. Wir geben Gott alle Ehre.

Es kann Leute wirklich ins Straucheln bringen, wenn diese Person dann erneut Krebs oder eine andere Krankheit bekommt. Zu oft vermuten die Leute, dass Gott die Krankheit zurückgeschickt hat, weil sie von vornherein

Sein Wille gewesen war. Gott hat sie genauso wenig wieder zurückgebracht wie Er sie ihnen anfänglich auferlegt hat. Es geht nicht, dass Jesus eine Krankheit heilt, die der Vater der Person mit Absicht gegeben hat. Sonst hätte man ein zerstrittenes Haus; eines, das keinen Bestand hat (siehe Lukas 11,17). Das wirft eine neue Problematik auf, die jetzt hier nicht weiter vertieft werden soll. Doch es fehlt nie an Gottes Seite der Gleichung. Es wäre dumm, Gott wegen eines Mangels, der ganz klar auf den Schultern der Menschen lastet, in Frage zu stellen. (Dieses Thema von wiederkehrenden Krankheiten ist ein sehr ernst zu nehmendes, das behandelt werden muss, ohne dass man Gott dabei die Werke des Teufels in die Schuhe schiebt. Lukas 11,24-26 und 1. Korinther 11,27-30 sind gute Stellen zum Einstieg.)

Ein furchtsamer Krieger

Die zweite Geschichte gibt uns einen Einblick in die Wege des Geistes, was mein Lieblingsthema in der ganzen Bibel ist. Sie handelt von einem der Richter Israels: Gideon.

Gideon ist eine Person, die für viele genauso wie der Apostel Petrus schnell zum Liebling wird, weil wir uns leicht mit ihm identifizieren können. Er war furchtsam, gewöhnlich und einfach. Als Gott nach jemandem suchte, der Israel von seinem Unterdrücker befreien konnte, wählte er Gideon. Es gibt keinen offensichtlichen Grund dafür, zumindest keinen, der für mich heraussticht.

Gott fand Gideon, als er sich in einer Weinkelter versteckte und versuchte Weizen zu dreschen. Die Midianiter hatten über einen recht langen Zeitraum hinweg die Kinder Israels bestohlen. Er versuchte zweifelsohne, ein paar Vorräte für seine Familie zu bekommen ohne wieder beraubt zu werden. Trotzdem gibt es ein faszinierendes Bild ab, Weizen in einer Weinkelter zu dreschen. Weizen deutet auf das Brot des Wortes hin – die Lehre. Wein steht für die gefühlte Erfahrung des Heiligen Geistes, was manchmal berauschende Begegnungen sind. Aus Gottes Sicht gesehen stehen sie nie im Konflikt miteinander. Doch aus unserer Sicht tun sie das oft. Jedes davon erfüllt einen Zweck, dem das andere nicht dienen kann. Das interessante Bild zeigt also, wie Gideon versucht, das Brot Seines Wortes an einem Ort zu bekommen, wo Wein gemacht wird. Das funktioniert nicht.

Wir sahen das in der Anfangszeit der Ausgießung. Die Leute waren verärgert, weil die Lehre nicht so übermäßig betont wurde. Wir haben es versucht. Aber es ist schwierig, aus Trauben Brot zu gewinnen. In den meisten Fällen, in denen wir es versuchten, schienen wir dem entgegen zu arbeiten, was Gott in diesem Augenblick am Herzen lag. Das Gegenteil stimmt genauso: Manche wollen nur herumsitzen und singen oder lachen, wenn Gott unser Verständnis durch Sein Wort aufbauen will. Meine Philosophie ist die: Wenn Gott Wein serviert, trinken Sie! Serviert er Brot, essen Sie!

Die Mächtigen verstecken sich

Gott spricht durch den Engel des Herrn und nennt Gideon einen tapferen Helden (siehe Richter 6,12). Gideon antwortet:

„Wenn der Herr mit uns ist, warum ist uns dann all das passiert? Wo bleiben die Wunder, von denen unsere Vorfahren uns erzählten? Sagten sie nicht: ‚Der Herr hat uns aus Ägypten herausgeführt'? Jetzt hat der Herr uns verlassen und an die Midianiter ausgeliefert." (Richter 6,13)

Auf mich wirkt das so komisch. Gerade hat ein Engel zu ihm gesprochen, als er sich in der Kelter versteckte, und fast ohne zu zögern hat er eine Antwort an den Engel parat. Es ist wohl kein großes Geheimnis, worüber Gideon nachdachte, als der Engel auftauchte. Seine Gewehre waren geladen.

Wenn es in der Bibel einen Vers gibt, der das Herz der Leute beschreibt, die oft das verpassen, was Gott tut, dann ist es dieser: Wenn Gott mit uns ist, warum ist uns dann all das schlechte Zeug passiert? Und wo sind die Wunder, von denen wir immer gehört haben? Bis auf den heutigen Tag scheinen es die meisten nicht zu realisieren, dass Er die schlechten Sachen nicht veranlasst, sondern uns stattdessen mit der Autorität, der Vollmacht und dem Auftrag ausrüstet, uns den Teufel und seine Werke vorzuknöpfen. Es liegt an uns zu lernen, die Werkzeuge zu benutzen, die Gott uns gibt. Wenn wir das nicht tun, wird der Teufel uns auch weiterhin bestehlen. Es kann Gideon hoch angerechnet werden, dass er auf das Wort des Herrn reagiert und Gott ein Opfer bringt.

Die Quintessenz dieser Geschichte ist, dass Gideon am Anfang Angst hat. Er hat mittendrin Angst. Und ich bin mir sicher, dass es auch nicht geholfen hat, als Gott seine Armee von 32000 auf 300 herunter gekürzt hat.

Schließlich gibt Gott ihm die Bestätigung, dass Er bei ihm ist und eröffnet Gideon dann seinen Auftrag. Und damit es zu Gottes einzigartiger Arbeitsweise passt, sagte Er Gideon, was er tun soll, wenn er sich fürchtet.

> *In jener Nacht sagte der Herr zu Gideon: „Steh auf! Steig hinab zum Lager der Midianiter, denn ich schenke dir den Sieg über sie! Wenn du jedoch Angst hast sie anzugreifen, dann geh mit deinem Knecht Pura ins Lager hinunter. Belausche, was die Midianiter sagen, dann wirst du Mut fassen und mit leichterem Herzen angreifen." Also nahm Gideon Pura und schlich mit ihm zusammen hinunter zu den Wachen des feindlichen Lagers. (Richter 7,9-11)*

Beachten Sie, dass Gott sagte: *„Wenn du Angst hast, geh in das Lager der Midianiter."* Im nächsten Satz heißt es dann, dass er ins Lager hinunter ging. Das zeigt uns, dass er immer noch mit Angst zu tun hat. Außerdem ist es seltsam, ins Lager des Feindes zu gehen, um Ermutigung zu bekommen. Mose schickte einmal zwölf Spione aus, um sich das Verheißene Land gut anzuschauen, was zufällig auch Feindesland war. Zehn Spione brachten aufgrund ihrer Furcht einen schlechten Bericht mit und versetzten so die Nation Israel in Schrecken (siehe 4. Mose 13,25-33). Diese zehn Spione blieben einfach zusammen und nährten gegenseitig ihre Furcht.

Manchmal ist das Lager des Feindes der beste Ort um aufgebaut zu werden. Dort erhielten die zwei Spione ihre Ermutigung, und sie weigerten sich, sich von den zehn Furchtsamen ihre Furcht einflößen zu lassen. Und dorthin schickte Gott jetzt Gideon, den Ängstlichen. Es ist beinahe wie ein göttlicher Humor: Wenn du Angst hast, geh zu demjenigen hin, vor dem du dich fürchtest. Als er das tat, hörte er, dass einer von ihnen einen Traum hatte. Der andere legte ihn so aus, dass er davon handelt, wie Gideon sie vernichtet (siehe Richter 7,13-14). Das hat ihn durchaus ermutigt.

Das Schlussbild

In der Geschichte wird weiter erzählt, dass Gideon und seine Männer genau das taten: Sie schlugen die Midianiter und brachten Israel aus der Unterdrückung durch umliegende Nationen, heraus in eine Position der Stärke. Es ist eine wunderbare Geschichte. Doch inmitten dieses Wunders steht ein äußerst merkwürdiger Vers: *„Da kam der Geist des Herrn über Gideon." (Richter 6,34)* Das wäre an sich wirklich schon gut genug. Doch eigentlich bedeutet es so viel mehr als wir auf den ersten Blick sehen. Das Wort „kam über" bedeutet eigentlich „etwas anziehen, tragen, einkleiden, eingekleidet werden". In der Fußnote meiner Studienbibel steht: „Auf Hebräisch heißt das wörtlich: Der Geist des Herrn kleidete sich mit Gideon ein." Überwältigend! Gott ist mit Gideon gekleidet. Kein Bild von einem geisterfüllten Leben beschreibt mein Herz besser als dieses: Gott zog sich Gideon wie einen Handschuh an.

Hier kommt das Bild: Die Gegenwart Gottes wird von einem Menschen in so beträchtlichem Maße aufgenommen, dass Er durch ihn lebt. Das hebt nicht auf, wer diese Person ist. Es erfasst es vielmehr in seiner ganzen Fülle und taucht sie in einen göttlichen Einfluss ein. Es ist so, als ob ihre Persönlichkeit, ihre Gaben und ihr Verhalten jetzt durch Gott ausgedrückt werden, der in ihnen lebt. Und am wichtigsten: Hier kommt wieder die Gnade zum Zug. Gideon hatte Gunst erhalten, die die befähigende Gegenwart Gottes in sein Leben brachte und ihn dazu bevollmächtigte, das zu tun, was für ihn unmöglich war.

Für manche würde das heißen, dass alles von Jesus kommt und nichts von uns. Das glaube ich nicht. Es steht außer Frage, dass Er in jeder bedeutenden Situation der entscheidende Faktor ist. Doch manchmal bekommen wir eine ungesunde Sicht von unserem Leben und unserem Platz in Seinem Plan. Ich habe so viele beten hören: „Nichts von mir, alles von Dir!" Das ist ein edles Gebet. Ich bin mir sicher, dass es dem Verlangen entspringt, dass unsere Selbstsucht nicht den Ausgang der Dinge bestimmen soll. Aber Er selbst hat uns doch so gemacht, dass unsere Gerechtigkeit eine Auswirkung auf das Resultat von Dingen hat! Gott hatte keinen von uns bei sich, bevor wir erschaffen wurden, und das gefiel Ihm nicht. Deshalb hat Er uns gemacht.

Es ist nicht so, dass wir völlig egal sind und nur Jesus etwas zählt. Viele nehmen sich das Gebet Johannes des Täufers zum Beispiel: *„Er muss immer größer werden und ich immer geringer." (Johannes 3,30)* Das ist eigentlich für uns kein legitimes Gebet. Johannes schloss als der größte alttestamentliche Prophet eine Ära ab. Er gab den Stab an Jesus weiter, der die Existenz des Königreiches Gottes auf der Erde anstoßen würde. Der Fokus wurde von Johannes und dem Gesetz auf Jesus und das Königreich umgelenkt. Johannes musste geringer werden, Jesus musste größer werden. Doch als Jesus die Erde verließ, sagte Er nicht, dass wir weniger werden müssen. Stattdessen gab Er uns den Stab weiter mit Seinem Namen, Seiner Vollmacht und Autorität und befahl uns, mit dem weiterzumachen, was Er angefangen hat. *„Wie der Vater mich gesandt hat, so sende ich euch." (Johannes 20,21)* Wir brauchen nicht weniger von uns und mehr von Ihm. Alles in uns muss ganz von Ihm abgedeckt und erfüllt werden!

Es besteht kein Zweifel daran, dass Jesus die Antwort ist. Doch Er wird es nicht ohne uns tun. Das war von Anfang an Sein Plan. Wir müssen also beständig mit Seinen Wegen rechnen, Seinen Verheißungen entsprechend beten, Seiner Versorgung gemäß leben und wieder wie ein Handschuh von Ihm angezogen werden.

Sela

Die Lehren, die wir aus Sauls Geschichten ziehen können, handeln gar nicht von Saul. Genauso wenig geht es bei der Gideon-Geschichte eigentlich nicht um Gideon. In beiden Fällen betrachten wir das Vorrecht, den Geist Gottes (den großen Preis) zu Gast zu haben. Wir lernen, wie Er handelt und in und durch Menschen wirkt. Wir sind alle für diesen einen Auftrag geboren worden.

5

Inoffizielle Vorschau

Gott, der große Produzent des Lebens, hält für uns alle einige Überraschungen bereit. Er liebt es einfach, Seinen Leuten Geheimnisse zu verraten. Und im Verlauf der Geschichte hat Er ihnen immer wieder Einblicke in das gegeben, was noch bevorstand.

Der Meister hat es in uns hineingelegt, dass wir Dinge im Leben besser machen wollen. Manche dienen der Verbesserung der Menschheit, und andere dienen nur sich selbst. Doch wir Menschen tragen in uns eine Hoffnung, dass die Dinge besser werden können und müssen, als sie es momentan sind. Das betrifft alle Lebensbereiche: Wissenschaft, Technik, Unterhaltung usw. Alles steht unter dem Einfluss dieses inneren Verlangens. Das liegt in der Natur des Menschen und ist eine Folge davon, dass wir zum Bilde Gottes geschaffen worden sind. Kreative Leute arbeiten nun mal so. Wir stützen uns auf unsere gottgegebenen Fähigkeiten, um Lösungen für Probleme zu finden und alle Fragen zu beantworten, die dem Fortschritt im Wege stehen.

Gott arbeitet mit diesem Instinkt und formt uns durch Seine wunderbaren Möglichkeiten in unser Potenzial hinein. Aus diesem Grund leben wir in der Spannung zwischen dem, was ist und dem, was noch kommt. Gott hat jedem menschlichen Wesen ein Gefühl der Hoffnung auf eine bessere Zukunft gegeben. Manche übertönen diese innere Überzeugung durch Sarkasmus, den Abwehrmechanismus der Enttäuschung. Andere lassen diese Stimme durch eine Theologie des Unglaubens verstummen. Wieder anderen wird es durch missbräuchliche Behandlung durch andere gestohlen. Doch es wurde am Anfang in sie hinein gepflanzt, und es kann auch wiederhergestellt werden.

Gott ist bekannt dafür, dass Er eine geheime Vorschau auf Seine kommenden Attraktionen anbietet. *„Es ist das Vorrecht Gottes, eine Sache zu verbergen" (Sprüche 25,2)*, doch Er liebt es, Seinen Leuten Dinge zu offenbaren. Und zwar deshalb, weil Er nichts ***vor*** uns versteckt. Er versteckt jedoch Dinge ***für*** uns.[4] Das Alte Testament dient diesem Zweck.

Das Alte Testament ist voll von Lehren und Offenbarungen über die praktische Lebensweise und den Aus-

4 Dieses Konzept wird in meinem Buch „Träume mit Gott" in Kapitel 10 entwickelt.

druck der Anbetung des Volkes Israel. Und doch waren das letztendlich Dinge, die über die Zukunft sprachen und prophezeiten. Im Alten Testament wird alles abgedeckt: vom kommenden Messias über die neue Natur, die Er Seinem Volk gibt, bis hin zu Gottes Beziehung zur Menschheit. Jedes Thema und jede Verheißung war wunderbar, überstieg jedoch jegliches Verständnis.

Weiter blicken

Die Propheten wurden oft „Seher" genannt. Der Titel wäre unnötig, wenn sie nur das sehen würden, was es schon gibt. Die Gabe sollte sie dazu befähigen, das zu ihrer Zeit Unsichtbare zu sehen sowie, eine Kenntnis über das Zukünftige zu erlangen.

Die Propheten blickten auf das Zeitalter des Neuen Bundes und wiesen auf diesen Zeitpunkt hin. Sie dienten Israel, gewiss. Doch letztendlich dienten sie sowohl dem wilden Olivenzweig als auch dem natürlichen Zweig, den Heiden und den Juden, die zusammen das geheimnisvolle Volk bilden würden, das Leib Christi genannt wird (siehe Römer 11,17-24; Epheser 3,4-9). Sie dienten denen, die in der Endzeit leben würden, die mit der Auferstehung Christi begonnen hat. Jetzt, 2000 Jahre später, leben wir wirklich am Ende der Zeit.

Zum Träumen geboren

Machen Sie sich eine mentale Liste der Könige und Propheten, die Ihre Helden sind, diejenigen, die von der Zeit träumten, in der wir leben: Salomo, David, Jesaja und

Daniel. Die Liste geht immer weiter. Und doch gibt es nicht einen von ihnen, der gesehen hat, was kommen wird und dem dabei nicht das Herz geschmerzt hätte, weil er gerne von dieser Realität gekostet hätte – einer Realität, die wir jetzt genießen. Das Augenmerk ihres Traumes lag auf zwei Dingen: 1. ein neues Herz mit einer neuen Natur zu haben, und 2. dass der Geist Gottes in jedem Gläubigen lebt und auf ihm ruht. Diese beiden Gedanken überstiegen das Verständnis aller, auch das der zwölf Jünger. Jesus musste sie darüber belehren, dass es sogar besser ist, wenn der Heilige Geist hier bei ihnen ist, als wenn sie Ihn, den Sohn Gottes, in Fleisch und Blut bei sich haben (siehe Johannes 16,7). Und doch hätten sie alle gewählt, dass Jesus leibhaftig bei ihnen bleibt, wenn sie diese Option gehabt hätten. Ohne es zu wissen, standen sie am Beginn von etwas, das das innere Augenmerk vieler großer Menschen gewesen war, die ihnen vorangegangen sind. Ein Wendepunkt, wie es manche beschreiben würden.

Ich sage euch: Propheten und Könige haben sich danach gesehnt, zu sehen und zu hören, was ihr gesehen und gehört habt, aber sie konnten es nicht. (Lukas 10,24)

Die Propheten und Könige, die in der biblischen Ausgabe von „Wer ist wer?" zu finden sind, hatten ein Bewusstsein für eine bevorstehende übergeordnete Realität. Und so sehr sie sich auch danach sehnten, daran teilhaben zu können: es war ihnen untersagt. Dieses Vorrecht war Ihnen vorbehalten! Diese großen Leute der Geschichte stehen in der Wolke der Zeugen und sehen mit Begeisterung und Erstaunen dabei zu, wie sich das Geheimnis Christi vor ihren Augen entfaltet. Natürlich haben wir nichts getan, womit wir uns dieses Privileg verdient hätten. Es ist die Entscheidung des souveränen Herrschers. Nichtsdestotrotz verstehe ich, dass das für uns eine tiefgreifende Verantwortung und Rechenschaftspflicht mit sich bringt, weil wir Zugang zu etwas haben, das diese Könige und Propheten verpasst haben. Wirklich ernüchternd.

Nehmen wir einen Augenblick lang an, dass Salomo einer der Könige ist, über die Jesus in dem Abschnitt in Lukas 10 gesprochen hat, ich denke, das ist eine recht sichere Vermutung, wenn man die Besonderheit seiner Weisheit und seiner prophetischen Einblicke berücksichtigt. Stellen Sie sich vor, was es für diesen, auf einzigartige Weise privilegierten Mann bedeutet haben muss, sich nach unserer Zeit zu sehnen. Er hatte allen möglichen Reichtum, den diese Welt zu bieten hatte, genügend, dass der Reichtum der Wohlhabendsten seiner Zeit im Vergleich dazu verblasste. Sein Einfluss auf die Nationen brachte Oberhäupter dazu ihm zu dienen, obwohl sie ihn eigentlich hassten. Er wurde wegen dieser Weisheit gefürchtet, die scheinbar mit Seiner Gegenwart einherging. Weisheit ist nämlich eine Person (siehe 1. Korinther 1,30). Seine Feinde saßen deshalb verstummt da. Die Nationen sprachen über ihn. Selbst Könige und Königinnen legten weite Strecken zurück, nur um ihn sprechen zu hören. Sie versuchten sogar, ihn mit den schwierigsten Fragen des Lebens auszutricksen, doch er beantwortete sie alle. Seine Skeptiker wurden zu Anhängern. Es gab nichts, was er sich erträumen und nicht haben konnte. Das heißt, eine Sache ausgenommen: die Zukunft.

Den Königen und Propheten, die sich der unsichtbaren Realitäten ja am meisten bewusst waren, wurde eine geheime Vorschau auf das gegeben, was noch kommen sollte. Und jeder von ihnen würde alles dafür geben, um von dem zu schmecken, was uns gegeben worden ist.

David war ohne Zweifel einer derjenigen, auf die in diesem Abschnitt Bezug genommen wird. Er war sowohl König als auch Prophet. *„Ihr Brüder, es sei erlaubt, mit Freimütigkeit zu euch zu reden über den Patriarchen David (...) Da er nun ein Prophet war (...) hat er voraussehend von der Auferstehung des Christus geredet." (Apostelgeschichte 2,29-31; Elberfelder)* Das tun Propheten. Sie blicken über ihre Zeit hinaus und reden dementsprechend.

Der König und der Prophet ist die Apostel/Propheten-Kombination des Alten Testamentes. Wir können nur voraussetzen, dass Apostel Könige sind, wenn wir Könige gemäß Gottes Entwurf betrachten und zwar als Menschen, die stark bevorzugt werden um so den Geringsten von allen effektiv zu dienen.

Zunehmender Hunger

Alle Begegnungen von Angesicht zu Angesicht waren in dem Sinne ihrer Zeit voraus, als dass diese Ebene der Vertrautheit erst nach Jesu Blutvergießen normal wurde. Gideon musste sich sogar selbst kneifen, um sicher zu sein, dass er nach seiner Begegnung mit Gott noch am Leben war (siehe Richter 6,22-24). Er schien überrascht zu sein, herauszufinden, dass er tatsächlich noch lebte. Das Alte Testament ist voll von Leuten, die Dinge kosten durften, die ihrer Zeit voraus waren. Inoffizielle Vorschauen.

Sind Sie schon mal ins Kino gegangen, weil der Film in

der Werbung so lustig gewirkt hat, doch als Sie ihn sahen, stellten Sie fest, dass alle lustigen Augenblicke des Films schon in der Vorschau vorkamen? Das ist eine große Enttäuschung. Der Film wurde nie besser als die 60 Sekunden im Werbespot. So ist Gott nicht. Er zieht uns in einen Glauben an das Unmögliche hinein und übertrifft sich dann selbst. So ist Er nun mal. Er gibt einen flüchtigen Eindruck von etwas Zukünftigem, und weiß, dass selbst diejenigen, die es kommen sehen haben, dann überrascht sein werden, wenn es tatsächlich passiert. Seine zukünftigen Werke werden durch Worte und Bilder repräsentiert, doch sie können niemals völlig von ihnen erfasst werden. Er übersteigt jegliche Beschreibung und Vorstellung von dem, was gut ist. Er ist extrem im besten Sinne.

Wir haben eines der größten Privilegien aller Zeiten bekommen: in einer Zeit der Hoffnungslosigkeit voller Hoffnung sein zu können. Das ist wie ein Licht auf dem Berg. Allerdings haben sich viele, denen die Ehre zuteil wurde, eine Hoffnung zu verwalten, durch die Bedrängnisse dieses Lebens von ihrer Bestimmung abbringen lassen. Und so spiegeln die, die eigentlich eine Quelle der Hoffnung sein sollten, die Hoffnungslosigkeit derer wider, die ohne Christus leben. Das gilt besonders für die Endzeit. Wenn sie an die Zukunft denken, können sie sich eigentlich nur darüber richtig freuen, dass der Himmel nahe ist. Und das sollten sie auch. Das sollte die große Hoffnung jedes Gläubigen sein. Doch unser Auftrag sollte uns mehr bewegen als unser Ziel. Wir müssen dafür bekannt sein, dass wir Hoffnung für die Zeit haben, in der wir leben, denn die Absichten Gottes sind immer großartig. Gemäß Seinen Verheißungen wird Er alles Notwendige für Seine siegreiche Braut tun. Als Jesus sagte, dass es Kriege und Kriegsgerüchte geben wird, gab Er uns kein Versprechen (siehe Matthäus 24,6). Er beschrieb den Zustand, in den Er in der Endzeit Seine Armee von Leuten schicken würde, die eine Transformation bringen.

Prophetische Momentaufnahmen

Betrachten Sie nur einige wenige Dinge, die davon sprachen, dass etwas Größeres kommen würde. Neben den Verheißungen der Propheten, dass der Messias kommen würde, heißt es auch, dass die Erde von Seiner Herrlichkeit erfüllt werde und Israel wieder eine hervorgehobene Stellung einnehmen würde. Da gab es die Erfahrungen, die Symbole, die Schriften und die Schatten, die alle von etwas Kommendem sprachen, das größer war. Zum Beispiel:

- Sie opferten Schafe und erkannten, dass ein Lamm kommen würde, das ein für allemal für die Sünde sühnen würde. Gott würde selbst für das Lamm sorgen.
- Die ganze Einrichtung in Moses Stiftshütte war in Form eines Kreuzes angeordnet. Sie opferten in dieser Stiftshütte, als das Kreuz noch nicht einmal ein Zeichen körperlicher Züchtigung darstellte.
- Jedes Einrichtungsstück sprach vom Messias und repräsentierte etwas Bestimmtes des Wesens und der Funktion Christi; z. B. der Tisch der Schaubrote – Jesus, das Brot des Lebens, der Leuchter – Jesus, das Licht der Welt usw.

- Abraham suchte instinktiv nach einer Stadt, deren Erbauer und Schöpfer Gott war (siehe Hebräer 11,9-10). Dieser Schrei nach dem Königreich Gottes ertönte, ehe es diesbezüglich irgendwelche Prophetien oder Lehren der Rabbis gab.
- David lernte etwas in der Gegenwart Gottes, das das Gesetz ihm nicht beibringen konnte: Gott wollte eigentlich gar keine Stier- und Ziegenopfer. Er sehnte sich nach dem Opfer des Herzens, nach Zerrissenheit und Hingabe (siehe Psalm 51,18).
- David fand heraus, dass Gott im Lobpreis wohnte (siehe Psalm 22,4).
- Nur Priester konnten die Gegenwart Gottes tragen. Er durfte nicht auf Ochsenkarren gelegt werden, oder auf irgendetwas, das von Menschen gemacht wurde (siehe 2. Mose 25).

Diese Auflistung zeigt endlose Möglichkeiten und hat tiefe Auswirkungen. Gott hat lange im Voraus Einblicke in die Zukunft gegeben. Wenn Er uns zeigt, was kommen wird, dann macht Er das nicht deshalb, dass wir uns Strategien ausdenken und Pläne schmieden. Er macht es, damit wir hungrig werden und so schon in unsere Zeit etwas hineinbringen, das eigentlich für einen späteren Zeitpunkt vorbehalten war.

Sie hatten es im Gefühl, dass etwas kommen würde, das unbeschreiblich herrlich war. Ich glaube, dass es eines der vorrangigen Werke des Teufels ist, uns dazu zu bringen, den Augenblick, in dem wir leben, zu gering einzuschätzen. Solange wir ein anderes Zeitalter vergöttern, sind wir blind für die bedeutende Rolle unseres eigenen.

Vergangenheit, Gegenwart und Zukunft

Ich war ein sehr aktiver Sportler, besonders in meinen Jahren als Teenager und junger Erwachsener. Ob es nun Baseball, Tennis oder Golf ist: ein Schlag hat drei Hauptbestandteile. Es gibt den Rückschwung, den Berührungspunkt und den Durchschwung. Disziplinierte und begabte Athleten lernen es, in diesen drei Dingen beständig zu sein. Bildlich gesprochen ist der Rückschwung unsere Geschichte und der Berührungspunkt ist der Augenblick, in dem wir leben. Der Durchschwung ist die Bestimmung und Zukunft gemäß der Verheißung.

Unser Rückschwung ist Gottes persönliche Geschichte und Errungenschaft für uns durch Jesus. Wir haben Seine Geschichte geerbt, wie wenn sie schon immer uns gehört hätte. Er nahm das auf sich, was wir verdienten, damit wir das empfangen konnten, was Er verdiente. Der Berührungspunkt ist dieser Augenblick, in dem wir uns befinden und verstehen, dass Gott ein einzigartiges Ziel für unser Leben hat. Dabei geht es nicht nur um die Zukunft. Es geht auch um diesen Moment, der so umwerfend ist, dass nur Unglaube und Selbstzweifel mich seiner Fülle berauben können. Der Durchschwung ist eine Zukunft voller Hoffnung, weil das Vergangene so solide und sicher ist. Der Durchschwung erfolgt im gleichen Bogen wie der Rückschwung. Mit anderen Worten: Wenn der Rückschwung stimmt und der Berührungspunkt stimmt, ist der Durchschwung vorhersehbar. Eines bereitet das andere vor. Er ist uns vorausgegangen und hat unsere Zukunft völlig gesichert. Die Treue hält uns in Übereinstimmung mit Seinem perfekten Plan. Gott gibt uns eine Verheißung, weil Er in unsere Zukunft gegangen ist und das Wort mitgebracht hat, das notwendig ist um uns dorthin zu bringen.

Durch die ganze Bibel hindurch weckt Gott in den Herzen Seines Volkes ein Verlangen nach dem Himmel nicht nur als einem Ort, sondern auch als dem Bereich Seiner gegenwärtigen Herrschaft. Königreich lässt sich auf zwei Wörter herunterbrechen: König und Herrschaftsbereich. Es ist richtig und gut, sich nach dem Himmel als meiner Heimat zu sehnen. Doch es liegt in meiner Verantwortung, mich gleichermaßen jetzt und hier nach Seiner Herrschaft auszustrecken. Es ist Gottes Aufgabe, mich in den Himmel zu bringen. Meine Aufgabe ist nicht, in den Himmel zu gehen, meine Aufgabe ist es, den Himmel durch meine Gebete und meinen Gehorsam auf die Erde zu bringen.

Das Haus ist ein Tor, und das Tor ist ein Haus

Eines meiner Lieblingsbilder über die Gemeinde steht in der alttestamentlichen Geschichte von Jakob in 1. Mose 28. Vielleicht ist es die Abstraktheit der Geschichte, die mich an ihr so anzieht. Ich bin mir nicht sicher. Aber ich weiß, dass sich darin eine Verheißung auf etwas so Bedeutendes verbirgt, dass nur eine ganz besondere Generation sie vollständig erlangen kann.

Jakob verließ Beerscheba und machte sich auf den Weg nach Haran. Als die Sonne untergegangen war, richtete er sich an dem Ort, an dem er gerade war, für die Nacht ein. Er nahm sich einen Stein als Kissen und legte sich dort zum Schlafen nieder. Im Traum sah er eine Leiter, die von der Erde bis in den Himmel reichte. Und er sah die Engel Gottes auf ihr hinauf- und hinabsteigen. Da wachte Jakob auf und sagte: „An diesem Ort ist der Herr und ich habe es nicht gewusst." Und er hatte Angst und sagte: „Was für ein Ehrfurcht gebietender Ort! Hier ist das Haus Gottes - das Tor zum Himmel!" Er nannte die Stätte Bethel - ‚Haus Gottes' -; davor hieß das nahe gelegene Dorf Lus. (1. Mose 28,10-12; 16-17; 19)

Hier wird in der Bibel zum ersten Mal das Haus Gottes erwähnt. Eines der bedeutungsvolleren Prinzipien der Bibelinterpretation besagt, dass die erste Erwähnung von etwas in der Schrift besonders viel Gewicht hat. Es legt den Maßstab für ein Thema fest, das vom Rest der Schrift unterstützt und ergänzt wird. Der eher befremdende Teil dieses Beispieles vom Haus Gottes ist, dass es dort kein Gebäude gibt. Es ist keine Stiftshütte oder bewegliches Zelt, und auch kein feststehender Tempel. Es ist Gott, der am Fuß eines Hügels bei einem Menschen ist. Es ist ein großartiges Bild der Realität aus Gottes Perspektive. Es ist das Haus Gottes.

Die Elemente dieser Geschichte sind einfach: offener Himmel, Stimme des Vaters, auf und absteigende Engel und Leiter auf der Erde, die in den Himmel reicht. In seiner Ganzheit ist das ein Bild von der Gemeinde. Doch der erstaunlichste Teil dabei ist der Schlusssatz, den Jakob aus dieser Offenbarung gezogen hat: Hier ist das Haus Gottes – das Tor zum Himmel. Haben Sie es begriffen? Das Haus Gottes ist das Tor zum Himmel.

Tore sind einfache, aber interessante Gegenstände unseres alltäglichen Lebens. Vielleicht haben Sie eines, das Sie von Ihrem Vorgarten auf den Gehweg bringt, oder vom Hinterhof zur Garagenauffahrt. Ein Tor ist eine Übergangsstelle, die Sie von einem Bereich oder Ort zu einem anderen bringt.

Dieses Bild ist ziemlich tiefgreifend. Die Gemeinde ist die ewige Wohnstätte Gottes. Und zum jetzigen Zeitpunkt ist sie ein Gebäude, das am Rand zweier Welten gebaut ist. Wir sind doppelte Staatsbürger, im Himmel und auf der Erde. Als solche sollen wir nicht nur dafür beten, dass das Reich Gottes kommt, wir sind die Werkzeuge, die von Gott oft dazu gebraucht werden, Seine Realität in die unsere zu bringen. Ich glaube nicht, dass wir immer wissen müssen, welches Ausmaß oder welchen Einfluss das hat, was wir tun. Doch es ist hilfreich zu verstehen, dass unser Gehorsam immer Seine Welt in unserer freisetzt, und zwar auf eine Weise, die gewichtiger ist, als wir es je für möglich gehalten haben.

Überraschende Anweisungen

Gott hatte den Propheten so vieles offenbart, nicht nur durch ihre prophetischen Worte, sondern auch durch ihre himmlischen Erlebnisse. Wie an anderer Stelle angegeben, glaube ich, dass es in die Herzen sowohl der Propheten als auch der Durchschnittsmenschen geschrieben war, dass es mehr gibt, viel mehr, als je für möglich erachtet worden war. Es liegt in der Natur der Menschheit sich zu sehnen, zu träumen und zu begehren. Man kann sich nicht nach etwas Süßem sehnen, wenn es gar nichts Süßes gibt. Genauso bezeugt der Hunger nach mehr von Gott, dass es überhaupt mehr gibt und dass es auch zugänglich ist. Das trieb Abraham dazu an, nach dem Unsichtbaren zu suchen. *„Abraham konnte so handeln, weil er auf eine Stadt mit festem Fundament wartete, deren Bauherr und Schöpfer Gott selbst ist." (Hebräer 11,10)* Es war die innere Überzeugung, dass allen etwas Wesentliches, Wirklicheres, Ewiges und von Gott selbst Erbautes zur Verfügung stand.

Jesus sprach auf eine sehr seltsame Weise zu Seinen Jüngern. Er sagte: *„Es gibt viele Wohnungen im Haus meines Vaters, und ich gehe voraus, um euch einen Platz vorzubereiten. Wenn es nicht so wäre, hätte ich es euch dann so gesagt?" (Johannes 14,2)* Man könnte meinen, dass Er sagt: „Wenn es so wäre, würde ich es euch sagen." Oder: „Weil es so ist, habe ich es euch gesagt." Warum war Sein Ansatz so entgegengesetzt unserem Denken? Er musste ihnen nichts versprechen, wovon sie schon ein inneres Bewusstsein hatten. Er spricht zu einem Bewusstsein über himmlische Bereiche, das im Herzen jeder Person existiert. Diese Realität erkennt Er an. Es wäre Seine Aufgabe, ihnen zu sagen, dass ihr inneres Bewusstsein (ihr innerlicher Traum) nicht stimmt und nicht auf die Realität gegründet ist, wenn es denn nicht so wäre.

Jesus ist das Licht, das jeden erleuchtet, der in die Welt kommt. Alle haben diese Erleuchtung bekommen. Doch Geschäftigkeit, Scham und Stolz halten uns davon ab, mit dem Verständnis des Unsichtbaren in Verbindung zu stehen, das Gott jeder Person ins Bewusstsein gelegt hat, die auf dieser Erde geboren wird. Was wir mit dieser Erkenntnis tun, ist unsere Sache.

Das Gebet der Propheten

Ich kann mir den Charakter der Träume der Propheten nur vorstellen. Sie hatten nicht nur das angeborene Bewusstsein von mehr. Manche von ihnen hatten kurze Eindrücke von dem bekommen, was kommen würde. Und manche haben sogar den Himmel gesehen, den Thron Gottes und die geheimnisvolle Welt der Engel. Im Allgemeinen hungerten sie danach, dass Gottes Welt Auswirkungen auf die Welt hier hat. Jesaja betete sogar: *„Tritt doch aus dem Himmel hervor, komm herab." (Jesaja 63,19)* Es war ein prophetisches Wort in Form eines Gebets. Gesalbtes Gebet hat immer einen prophetischen Charakter.

Der Schrei danach, dass der Himmel die Erde beeinflussen sollte, war wieder einmal aus dem Herzen heraus geplatzt. Diesmal kam es von einem Propheten. Gott hatte schon den Weg dafür bereitet, diesen Schrei zu beantworten und wies Jesaja an, das zu beten und auszurufen.

6

Antworten auf uralte Schreie

Die Rufe nach Gott sind durch die Zeitalter hinweg erklungen. Manche stammten von den Gerechten, manche von den Ungerechten. Als ich aufwuchs, hörte ich, dass es im Herzen jeder Person ein Vakuum in der Form von Gott gibt. Und das glaube ich auch.

Diese Sehnsucht nach Gott zeigt sich auf so vielfältige Weise, eingeschlossen dem Drang, Dinge im Leben besser zu machen. Ich bin auf der ganzen Welt umher gereist. Und eine Sache, die es in jeder Volksgruppe gibt, die mir begegnet ist, ist der Wunsch, neue Dinge zu entdecken und das Bestehende zu verbessern. Diese Leidenschaft ist in allen tief verwurzelt.

Gott schuf uns mit Wünschen, Leidenschaften und

der Fähigkeit zu träumen. Alle diese Eigenschaften sind notwendig, um uns wirklich Ihm gleich zu machen. Mit diesen Fähigkeiten können wir mehr über Gott, unseren Lebensinhalt und die Schönheit und Fülle Seines Reiches entdecken. Wenn diese Fähigkeiten jedoch losgelöst von ihrem göttlichen Ziel existieren, führen sie uns zu verbotenen Früchten. Es war ein Risiko, das Gott bereit war einzugehen, um am Ende Seinen Traum zu verwirklichen: dass die, die nach Seinem Bild geschaffen wurden und Ihn aus freien Stücken anbeten, Seine Gegenwart in alle Welt tragen. Jesaja repräsentierte den Schrei der ganzen Menschheit, als er betete: *„Tritt doch aus dem Himmel hervor, komm herab." (Jesaja 63,19)* Irgendwie war es bekannt, dass die Realitäten von Himmel und Erde sich näher kommen mussten. In diesem Gebet brach der Schrei nach einer Berührung der Erde durch den Himmel einmal mehr aus einem Herzen hervor. In diesem Fall kam es von einem Propheten. Gott hatte schon den Weg dafür bereitet zu antworten und wies Jesaja an, diese andächtige Ankündigung zu machen. Es war ein prophetisches Wort in Form eines Gebets.

Die Antwort des Himmels kam. Die Offenbarung und Freisetzung von Gottes Heilsplan ist jetzt unaufhaltsam.

Der Himmel ist eine Person

Die Wassertaufe des Johannes war als Taufe der Buße bekannt. Deshalb war es seltsam und schwer verständlich, dass Jesus Johannes bat Ihn zu taufen. Jesus hatte keine Sünde, von der Er umkehren musste. Doch Johannes' Taufe war auch ein Teil seiner Ankündigung, dass das

Reich Gottes nahe ist. Als Johannes sagte, dass das Reich Gottes nahe ist, prophezeite er über das, was Jesus offenbaren und freisetzen würde.

Johannes wusste, dass er nicht würdig war, Jesus zu taufen. Er bekannte sogar, dass er die Taufe brauchte, die Jesus brachte: mit dem Heiligen Geist und mit Feuer (siehe Matthäus 3,11). Doch Jesus beharrte darauf. Manchmal qualifiziert man sich für etwas, indem man bereit ist, etwas zu tun, wofür man nicht qualifiziert ist.

Jesus entgegnete Johannes' Einwand: *„Lass es jetzt so sein! Denn so gebührt es uns, alle Gerechtigkeit zu erfüllen." (Matthäus 3,15; Elberfelder)* In diesem Akt wurde Gerechtigkeit vollzogen, weil Jesus hier der Diener aller wurde. Er identifizierte sich mit der sündhaften Menschheit und war jetzt dazu bereit zu verkündigen, dass das Reich Gottes bevorsteht. Diese Kundmachung brachte die Freisetzung, denn im Reich Gottes geschieht nichts, ohne dass es zunächst eine Ankündigung dessen gibt.

Als Jesus in Wasser getauft wurde, nahm der Himmel davon Notiz. Hier ist eine interessante Beschreibung dieses göttlichen Moments:

Als Er aus dem Wasser stieg, sah Er, wie der Himmel sich öffnete und der Heilige Geist wie eine Taube auf Ihn herabkam. Und aus dem Himmel sprach eine Stimme: *„Du bist mein geliebter Sohn, an Dir habe ich große Freude." (Markus 1,10-11)*

Jesus sah, wie sich der Himmel öffnete. Was über die Zeitalter hinweg verheißen wurde, hatte nun begonnen. Doch keiner erwartete so etwas: Der Himmel nahm die Erde durch die Demut eines Menschen ein, die Demut des Sohnes Gottes, des Menschensohns.

Das Wort „öffnen“ bedeutet „sich spalten, sich teilen“. Interessanterweise wird dasselbe Wort benutzt um zu beschreiben, dass der Vorhang im Tempel zerriss und die Felsen bei Jesu Tod zerbarsten. Der Himmel und die Erde erbebten als Zeugen der Ungerechtigkeit dieses Augenblicks. Einer, der so perfekt war, starb für die, die den Tod verdienten. *„In diesem Augenblick zerriss der Vorhang im Tempel von oben bis unten in zwei Teile. Die Erde bebte, Felsen zerbarsten.“ (Matthäus 27,51-52)* Mit anderen Worten: Als sich bei Jesu Taufe die Himmel öffneten, haben sich nicht einfach nur die Wolken geteilt. Es war ein gewaltsamer Akt, der zuerst durch Jesajas Sprache dargestellt wurde, als er betete: *„Tritt doch aus dem Himmel hervor, komm herab.“* Von Seiten der Menschheit wurde eine Einladung ausgesprochen, und Gott antwortete höchstpersönlich.

Die Himmel zu zerreißen war an sich ein Akt äußerster Gnade und Herrlichkeit, der damit endete, dass die geistlichen Mächte der Finsternis ernsthafte Konsequenzen erlitten. Der Mensch Jesus Christus ist jetzt mit dem Himmel eingekleidet und voll und ganz für alle Seine irdischen Aufgaben ausgerüstet. Und Seine Ausstattung war ein prophetischer Vorgeschmack, auf das, was bald allen zur Verfügung gestellt werden würde.

Zeichen, die zu denken geben

Der Vorhang im Tempel, die Felsen um Jerusalem herum und die Himmel erlebten alle denselben Gewaltakt. Sie bezeugten, dass der König mit dem überlegenen Königreich gerade die Bühne betreten hat.

- Der Vorhang: Gott war nicht mehr an einen Alten Bund gebunden, weil die Forderungen durch Jesu Tod erfüllt worden waren. Er wurde von oben bis unten zerrissen, das war Sein Werk.
- Die Felsen: Die härtesten Plätze der Erde reagierten auf die Veränderung der Zeiten und zerbarsten um zum Ausdruck zu bringen, dass Jesus, der König der Ehre, willkommen war hier zu herrschen.
- Die Himmel: Der Fürst der Mächte der Luft hatte keine Autorität über Jesus, der der Prototyp eines jeden Gläubigen wurde, der nach Seinem Tod, Seiner Auferstehung und Seiner Himmelfahrt auf der Erde sein würde.

Was passierte dann, als die Himmel in diesem Gewaltakt auseinandergerissen wurden? Der Geist Gottes kam herab. Das ist die Antwort auf Jesajas Gebet. Es ist die Reaktion auf die Schreie der Könige und Propheten, die sich alle nach diesem Tag sehnten. Jesus ebnete den Weg dafür, dass Seine Erfahrung zu unserer Erfahrung werden kann. Der Heilige Geist, der Schatz des Himmels, über den Jesus und der Vater so ehrfürchtig gesprochen haben, wurde an die Erde freigegeben. Wenn wir jetzt erneut nach einem offenen Himmel Ausschau halten, verwalten wir den, der uns schon gegeben wurde, nicht ordentlich.

Offene Himmel

Jeder Gläubige hat einen offenen Himmel. Der verschlossene Himmel sitzt bei uns meistens zwischen den beiden Ohren. Wenn wir so leben, wie wenn der Himmel über uns aus Blech wäre, spielen wir dem Teufel in die Hände, weil es uns in eine defensive Haltung versetzt. Das entwertet das, was Jesus errungen hat. Er hat uns mit Seinem Gebot in die Offensive gestellt: *„Geht hin!"* Erinnern Sie sich daran: Wenn wir einer Lüge glauben, bevollmächtigen wir den Lügner.

Das schließt sicher nicht aus, dass die Dunkelheit lange Schatten über eine Person, oder sogar über eine Stadt oder eine Nation werfen kann. Wir befinden uns oft in geistlich finsteren Umgebungen. Ich könnte Sie an Orte bringen, an denen Sie anfangen zu zittern, weil der Bereich der Finsternis so weit verbreitet, destruktiv und dominant ist. Trotzdem ist das eine unterlegene Macht, und ich kann es mir nicht leisten, mich von ihr beeindrucken zu lassen. Meine Aufmerksamkeit muss auf die Versorgung und die Verheißungen Christi und auf den geöffneten Himmel über mir gerichtet sein. Ich glaube, dass es zumindest teilweise beschreibt, was es bedeutet, in Christus zu bleiben, wenn ich meinen Fokus auf diesen Dingen behalte (siehe Johannes 15,4). Außerdem erinnert unsere Weigerung uns zu fürchten den Teufel daran, dass es mit ihm aus und vorbei ist (siehe Philipper 1,28)! Wenn Sie aus irgendeinem Grund nicht wissen sollten, was Sie in einem oben beschriebenen Umfeld machen sollen, beten Sie an. Im Zweifelsfall beten Sie immer an.

Wir können unser Bewusstsein von der himmlischen Atmosphäre, die über uns herrscht, nicht von der Finsternis formen lassen. Das Ausmaß des geöffneten Himmels über uns wird zu einem gewissen Grad unserer Reife und unserer Hingabe an den Heiligen Geist beeinflusst. Stellen Sie sich den offenen Himmel als eine große Eiche vor. Je größer und stabiler der Baum ist, desto mehr Leute können in seinem Schatten stehen. Reife Christen tragen die Atmosphäre des Himmels auf eine solche Weise, dass andere in ihrem Schatten stehen und Schutz finden können. Oder so ähnlich ausgedrückt: Andere können sich auf unsere Durchbrüche berufen und verändert werden.

Wenn wir uns des offenen Himmels über uns (der zur Wahrheit der Schrift gehört) nicht bewusst sind, tragen wir zu dem Krieg in unseren Herzen und Köpfen bei. Dann werden wir immer das sehen, was nicht passiert ist, anstatt von dem zu leben, was passiert ist. Wir sind es Gott schuldig, im Bewusstsein dessen zu leben, was Er getan hat und die Realität in Anspruch zu nehmen, die Er uns zur Verfügung gestellt hat. Wenn wir das nicht tun, kommt es uns teuer zu stehen. Die Himmel wurden auseinandergerissen, und es gibt keine dämonische Macht, die sie wieder zusammennähen kann. Außerdem sehnt sich der Vater nach dem Geist, der in uns lebt. Welche Mächte der Finsternis könnten diese Gemeinschaft verhindern? Doch wenn wir vorrangig mit dem Bewusstsein über einen Feind und seinen Plänen leben, leben wir instinktiv in einer Reaktion auf die Finsternis. Nochmal: Wenn ich das tue, dann hat der Feind wohl einen Einfluss auf meine Tagesordnung gehabt. Und das ist er nicht wert. Mein Leben muss als Antwort auf das gelebt werden, was der Vater tut. Das ist das Leben, das Jesus uns vorgelebt hat.

Der Himmel ist erfüllt von völliger Zuversicht und Frieden, während diese Welt voll von Chaos und Misstrauen gegenüber Gott ist. Wir spiegeln immer das Wesen der Welt wider, die wir am meisten im Bewusstsein tragen. Es hat unberechenbare Auswirkungen, wenn wir im Bewusstsein eines offenen Himmels leben.

Kann Gott dort hinkommen, wo Er schon ist?

Manche stören sich daran, wenn wir davon sprechen, dass Gott in eine Situation kommt, Sein Geist auf uns fällt oder der Heilige Geist in einer Veranstaltung wirkt etc. Wenn wir Menschen dienen wollen, laden wir den Heiligen Geist oftmals ein zu kommen, so wie es John Wimber getan hat. Die Frage ist: Warum sollte man Gott einladen, wenn Er schon hier ist? Gute Frage. Es ergibt überhaupt keinen Sinn so zu beten, wenn wir nicht verstehen, dass es verschiedene Maße und Dimensionen von Gottes Gegenwart gibt. Wenn Er hier ist, dann kann trotzdem immer noch mehr kommen. Es ist wichtig, sich nach dieser Steigerung zu sehnen und sie einzuladen. Jesaja nahm diese Realität wahr und sagte: *„In dem Jahr, als König Usija starb, sah ich den Herrn. Er saß auf einem hohen Thron und war erhöht und der Saum Seines Gewandes füllte den Tempel." (Jesaja 6,1)* Das Wort „füllte" deutet an, dass Sein Saum den Tempel ausfüllte, ihn dann aber auch immer wieder neu füllte. Er kam, doch dann kam Er immer wieder. Es gibt immer noch mehr!

Das ist eine (wenn auch unvollständige) Liste dieser Dimensionen Seiner Gegenwart, jeder Punkt ist eine Steigerung des vorausgegangenen.

- Gott ist überall zuerst und Er hält alles zusammen (siehe Kolosser 1,17). Er ist überall; der Leim, der Seine Schöpfung am richtigen Fleck hält.

- Eine zweite Dimension von Gottes Gegenwart ist Sein Heiliger Geist, der in denen lebt, die wiedergeboren wurden. Er kommt speziell, um uns zu Seinem Tempel zu machen.

- Eine dritte Dimension wird sichtbar, wenn sich die Gläubigen in Seinem Namen versammeln. Wie Er versprochen hat, so ist Er *„mitten unter ihnen" (Matthäus 18,20)*. Hier kommt das Prinzip des exponentiellen Wachstums ins Spiel.

- Das vierte Maß oder die vierte Dimension tritt ein, wenn Gottes Volk Ihn preist, denn Er sagt, dass Er über den Lobgesängen Israels thront (siehe Psalm 22,4; Luther 1984). Er ist schon in unserer Mitte, doch Er hat beschlossen, sich uns in dieser Atmosphäre noch mächtiger zu erweisen.

- Ein fünftes Maß wird sichtbar, als der Tempel Salomos eingeweiht wird: Gott kam mit solch einer Tiefe, dass die Priester arbeitsunfähig waren (siehe 1. Könige 8,10-11). Keiner konnte mehr stehen, geschweige denn Instrumente spielen oder singen. Sie waren von diesem Ausmaß der Gegenwart völlig außer Gefecht gesetzt.

Ich erwähne diese fünf Ebenen nur als Prinzipien und als Versuch einer Momentaufnahme davon, wie Er sich danach sehnt, Seine Manifestation in Seinem Volk zu steigern. Der Pfingsttag und die Gabe der Geistestaufe verdeutlichen eigentlich alle diese Prinzipien zusammengenommen, als eine ganze Stadt unter den Einfluss der manifesten Gegenwart Gottes kommt.

Diese unterschiedlichen Maße der Gegenwart sind sowohl in der Geschichte als auch in der Schrift dokumentiert. Die Geschichte der Reformation und der Erweckung zeigt uns, was alles möglich ist. Es liegt in unserer Verantwortung, welches Maß von Gottes Gegenwart wir bei uns haben. Wir haben immer das, was wir aufrichtig wollen.

Für eine Sache leben

Es passiert so leicht, dass wir uns ganz auf die Vision in unserem Leben konzentrieren und dabei dass, was wir *vorrangig* tun sollen, völlig verpassen. Wir sind hier, um in die Mündigkeit Jesu hineinzuwachsen, so viele Bekehrte wie möglich zu Ihm zu bringen und überall Veränderung zu bewirken, wo wir Autorität und Einfluss haben. Manchmal realisieren wir nicht, dass alle diese Aufgaben ein Ding der Unmöglichkeit sind. Jede einzelne. Doch seltsamerweise werden sie möglich, wenn sie die Frucht von etwas anderem sind, das wir tun können. Lassen Sie es mich erklären.

Wir sind zur Gemeinschaft mit Gott berufen. In diesem Zug hat Er es möglich gemacht, dass wir Ihn nicht nur kennenlernen können, sondern auch, dass Er in uns wohnt und sogar auf uns ruht. Alles, was wir uns im Leben nur wünschen könnten, entspringt diesem Vorrecht. König David verstand dieses Konzept besser als die meisten Gläubigen des Neuen Testamentes. Er verweist darauf als die eine Sache (siehe Psalm 27,4). Alles im Leben wird auf eine Sache reduziert: wie wir die Gegenwart Gottes verwalten. Die Gegenwart Gottes zu verwalten, die Gegenwart als Gast aufzunehmen ist der einzige Weg, diese unmöglichen Träume zu verwirklichen.

Die Erfüllung dieser Träume ist eigentlich ein Nebenprodukt davon, dass wir Ihn gut beherbergen. Jesus bekräftigte dieses Lebensprinzip, als Er lehrte: *„Wenn ihr für Ihn lebt und das Reich Gottes zu eurem wichtigsten Anliegen macht, wird Er euch jeden Tag geben, was ihr braucht." (Matthäus 6,33)* Das Reich Gottes ist nichts von Seiner Gegenwart Losgelöstes. Das Königreich hat einen König. In Wirklichkeit besteht das Reich Gottes in der Gegenwart des Geistes Gottes. *„Denn das Reich Gottes ist (...) im Heiligen Geist." (Römer 14,17)* Dieser Befehl von Jesus lautet, in unserem Leben die eine Sache zur Priorität zu machen, die letztendlich dadurch sichtbar wird, dass wir gerecht leben.

Einmal ist es mir passiert, dass der Herr mich nachts mit Seiner Stimme aufweckte. Er sagte, dass Er über der Wache derer wacht, die auf den Herrn sehen. Seit dieser Begegnung sind einige Jahre vergangen. Es begeistert und verwirrt mich immer noch gleichzeitig, wenn ich an diesen Augenblick denke. Die „Wache" steht für unsere gottgegebenen Verantwortungsbereiche. Das tut ein Wächter: Er schaut sich das, was in seiner Verantwortung liegt, genau an, um dafür zu sorgen, dass die Dinge sicher und ordentlich behandelt werden. Im Grunde genommen sagte Gott mir, dass Er über meine Verantwortungsbereiche wacht, wenn ich es zu meiner einzigen Verantwortung mache, Ihn zu beobachten. Das war Seine Einladung an mich, Gegenwart-zentriert zu leben.

Wenn wir unsere Verantwortlichkeiten im Leben diskutieren, kommen uns viele gute Dinge in den Sinn. Doch für mich läuft es jetzt immer nur noch auf die eine Sache hinaus: Seine Gegenwart. Was mache ich mit Seiner Gegenwart? Welchen Stellenwert nimmt die manifeste Gegenwart Gottes in dem ein, wie ich denke und lebe? Beeinflusst die Gegenwart Gottes die Vision und die Ausrichtung meines Lebens? Wie wirkt sich die eine Sache auf mein Verhalten aus?

Das Tor zu einer veränderten Stadt

In Apostelgeschichte 1 erschien Jesus 500 Leuten gleichzeitig und sagte ihnen, sie sollten Jerusalem nicht verlassen, bis sie bekommen haben, was der Vater verheißen hat. Die verbleibenden elf Jünger Jesu waren Teil dieser Gruppe. Die Elf hatten den Heiligen Geist schon in Johannes 20 empfangen, doch es wurde ihnen dennoch befohlen, für das in Jerusalem zu bleiben, was der Vater versprochen hat. Es entstand eine Gebetsversammlung. Nach zehn Tagen waren nur noch 120 Leute übrig.

So hoch wir diesen Tag auch in unseren Herzen schätzen, glaube ich doch nicht, dass wir wirklich seine Bedeutung verstehen. Am Pfingsttag wurde uns die Geistestaufe gegeben. Diese Taufe mit dem Heiligen Geist wird die Verheißung des Vaters genannt. Der Vater, der nur gute Gaben gibt, hat uns dieses Geschenk gegeben. Alles Leben fließt nur aus Ihm heraus. Er ist der Dirigent des Lebens, und Er hat uns ein Versprechen gegeben. Und das ist es, das ist Sein besonderes Geschenk. Es ist ein Versprechen, das uns wieder die ursprüngliche Bestimmung der Menschheit nahebringt: ein Volk zu sein, das sich dazu eignet, die Fülle Gottes auf die Erde zu bringen (siehe Epheser 3,19). Das ist nur möglich durch die Taufe mit dem Heiligen Geist – eine Taufe mit Feuer.

> *Plötzlich ertönte vom Himmel ein Brausen wie das Rauschen eines mächtigen Sturms und erfüllte das Haus, in dem sie versammelt waren. (Apostelgeschichte 2,2)*

Ein Geräusch ertönte vom Himmel. Zwei Welten trafen aufeinander. Es war wie ein mächtiger Sturm. Das Wort, das hier benutzt wird, heißt „phero". Von den 67 Mal, die dieses Wort im Neuen Testament übersetzt wird, steht nur einmal „brausen". Ansonsten hat es die Bedeutungen „transportieren, ausüben, hervorbringen". Es wäre albern von mir, vorzuschlagen, die Übersetzung in der Bibel abzuändern. Doch ich möchte nahelegen, den Aspekt des Hervorbringens zu unserem Verständnis der Bedeutung hinzuzufügen. Könnte das Wort brausen also andeuten, dass das ein Geräusch war, ein mächtiger Sturm, der etwas von seinem Herkunftsort an seinen Zielort transportierte und dort hervorbrachte? Vom Himmel auf die Erde? Ich denke schon.

Geräusch kann auch mit Getöse übersetzt werden. Gott hat die Welt ins Dasein gerufen. Sein Wort ist die schöpferische Kraft. *„Durch das Wort des Herrn entstand der*

Himmel und die Sterne wurden durch Seinen Befehl erschaffen.“ (Psalm 33,6; siehe 1. Mose 1,3-24) Dieses Geräusch könnte daher gekommen sein, dass der Mund Gottes etwas auf der Erde freigesetzt hat, das die Propheten von Anfang an gerne gesehen und miterlebt hätten. Dazu kommt noch die Tatsache, dass Gott selbst auf den Flügeln des Windes reitet (siehe Psalm 104,3). Dann erkennen wir, dass das ein Augenblick ist, in dem Gott, der auf dem Wind reitet (einem Geräusch, dem Hauch des Himmels), die Menschheit zu ihrer Bestimmung zurückführt. Zweifelsohne handelt es sich hierbei um den dramatischsten Einmarsch des Himmels auf der Erde. Es war der entscheidende Moment. Das hatte der Vater verheißen.

Die Luftwellen transportieren das Geräusch des Himmels

Dieses Brausen transportierte eigentlich eine Realität von der dortigen Welt in unsere. Dieses himmlische Geräusch veränderte die Atmosphäre über der Stadt Jerusalem. Innerhalb eines Augenblicks wurde Jerusalem von der Stadt, die Jesus gekreuzigt hat, in die Stadt verwandelt, die wissen wollte, was man tun muss um gerettet zu werden. Wie ist das geschehen? Durch ein Geräusch, ein Geräusch des Himmels. Sowohl Geräusche als auch Licht sind Schwingungen. Und an diesem Tag führte die Schwingung des Himmels einen neuen Rhythmus in einer Stadt ein, der es gar nicht bewusst war, in wessen Takt sie sich bewegte. Nun konnten sie es zum ersten Mal sehen.

Das Haus Gottes ist das Tor des Himmels. Vergessen Sie

nicht: Es ist das Haus, das am Rande zweier Welten gebaut ist. Und genau da sehen wir, welche Auswirkungen es auf ihre Umgebung hatte, als die Menschen sich für das öffneten, was Gott tat. Es gab eine buchstäbliche Freisetzung von etwas aus der dortigen Welt, durch ein Tor hindurch, und in unsere Welt hinein. Und eine Stadt war nun bereit, eine unergründliche Veränderung zu erleben.

Das himmlische Geräusch wurde auf der Erde gehört und erlebt. Das Getöse des Himmels zitierte diese Stadt zu ihrer Bestimmung und Berufung. In diesem Augenblick trafen zwei Welten aufeinander, und der unterlegene Bereich der Finsternis machte Platz für das überlegene Wesen Seines Reiches. Wir haben das einzigartige Vorrecht, Seine Gegenwart auszuteilen. Wenn wir das tun, verursachen wir einen solchen Zusammenstoß, dass diese beiden Realitäten, Himmel und Erde, in völligem Einklang miteinander sein können.

Dieses Bild ist ähnlich wie das, das bei Jesu Taufe gegeben wurde, wo eine gewaltsame Aktivität des Himmels stattfand. Es verärgerte die Mächte, die daran gewöhnt waren, diesen Raum auszufüllen. Und in Apostelgeschichte 2 wird der Heilige Geist auf dieselbe Weise ausgeschüttet wie bei Jesu Taufe, doch diesmal über Seinem Volk anstatt über Jesus. Es ist wichtig anzumerken, dass Gewalt im geistlichen Bereich für Gottes Volk immer ein Augenblick ist, der von Friede erfüllt ist.

So kann der Friedensfürst Satan unter unseren Füßen zertreten (siehe Römer 16,20). Man könnte es auch anders sagen: Jeder von Friede erfüllte Moment, den Sie erleben, versetzt die Mächte der Finsternis in Schrecken. Nur im Reich Gottes ist Frieden eine Kriegsmethode.

Eine wiederhergestellte Stadt

Als an Pfingsten dieses mysteriöse Geräusch ertönte, begannen sich Tausende um die Hundertzwanzig im oberen Stock zu versammeln. Es war 9 Uhr morgens. Die Menschen machten sich noch für den Tag fertig, doch sie ließen alles stehen und liegen. Männer legten ihre Werkzeuge aus der Hand, Frauen ließen die Kinder die Spielzeuge beiseite legen. Ein Geräusch erfüllte die Luft, und es erfüllte auch ihre Herzen. Stellen Sie sich eine Veränderung in der Atmosphäre über einer ganzen Stadt vor.

Das ist die Stadt, die sich aufmachte, um Jesus zu kreuzigen. Seine Gegenwart war das einzig Gute, was sie hatten, doch sie zerstörten es, indem sie dem Geist des Mordes gehorchten (dem zivilisierte Menschen normalerweise widerstehen und darauf stolz sind). Doch was aus dem Herzen Gottes hervorbrach, das Geräusch, das durch den offenen Himmel hindurch freigegeben wurde, entlud sich über einer gesamten Stadt. Keiner weiß, warum sich die Menschenmenge vor dem Zimmer im oberen Stock versammelte. Es wurden keine Handzettel verteilt oder Plakate ausgehängt. Es wurden keine Ankündigungen gemacht. Doch über ihnen wurde ein Geräusch freigesetzt, das zum ersten Mal in ihrem Leben die Luft reinigte. Ihre Gedanken waren klar. Sie konnten vernünftig denken. Sie spürten eine göttliche Absicht. Es schien, als ob Gott die Leute herbeirief. Und genau das passierte.

Als ich aufwuchs, dachte ich immer, dass die Leute zusammenkamen, weil die Hundertzwanzig in Zungen redeten, in den jeweiligen Muttersprachen der Leute. Doch das ergibt keinen Sinn in einer internationalen

Stadt, in der fremde Besucher nichts Außergewöhnliches sind. Sie versammelten sich aufgrund eines nicht auszumachenden Geräusches, eines, das bis tief in die Herzen der Leute drang. Außer durch ein Handeln Gottes wäre es fast unmöglich, die Menschen dazu zu bringen, ihre Geschäfte, Häuser und Aktivitäten zu verlassen um aus unbekanntem Grund zusammenzukommen. Dieses Geräusch sprach etwas tief im Herzen dieser Stadt an, und rief sie herbei um ihre ursprüngliche Bestimmung wiederherzustellen. Diese Stadt sollte als die Stadt Seiner Gegenwart bekannt sein. König David machte diese Weihe so viele Jahre zuvor im Tempel, den er in dieser Stadt baute, und in dem man sich rund um die Uhr dem Lobpreis widmete.

Um die Eigenschaft dieses Geräusches zu illustrieren, möchte ich es mit dem eines Musikinstruments vergleichen. Ein begabter Musiker kann einem Saxofon einen beinahe magischen Klang entlocken, indem er gekonnt auf das Rohrblatt bläst, das richtig im Mundstück des Instruments eingelegt ist. Betrachten Sie den Atem Gottes auf die gleiche Weise: Er blies auf das Rohrblatt von 120 Leuten und setzte ein Geräusch über einer Stadt frei, das ihre Atmosphäre veränderte. Wenn man eine Atmosphäre verändert, verändert man ein Schicksal. Das haben die Leute gehört. Ein harmonischer Klang, der entstand, weil 120 Leute in Einheit zusammen waren, nicht nur unter sich, sondern mit dem Geist des auferstandenen Christus. Das ist das Geräusch, das vor über 2000 Jahren zu hören war. Es war das Geräusch, das dazu führte, dass an einem Tag 3000 Menschen ins Reich Gottes hineingeführt wurden. Durch diesen geöffneten Himmel entstand eine Dynamik, durch die jeden Tag Menschen hinzugefügt wurden (siehe

Apostelgeschichte 2,47). Das ging so weiter, bis sich der Himmel noch mehr öffnete und es schließlich von der Addition zur Multiplikation überging (siehe Apostelgeschichte 9,31).

Einmal Feigling, nicht immer Feigling

Als Petrus sah, wie sich die Menschenmenge versammelte, verspürte er einen unkontrollierbaren Drang zu predigen. Dieser Mann, der nur wenige Tage zuvor ein Feigling gewesen war, als er von einem Dienstmädchen hinterfragt wurde (siehe Markus 14,69), stand jetzt heldenhaft vor Tausenden, um die Gute Nachricht zu verkündigen. Vergessen Sie nicht: Es war nicht nur die Tatsache, dass er vor einer großen Menge Zeugnis ablegen musste. Es war vor einer Menge, die sich jetzt über das lustig machte, was sie vor Ort sah. Diese Predigt erfolgte inmitten der ungewöhnlichsten Manifestation in Gottes auserwähltem Volk. Die Menge glaubte, die Hundertzwanzig seien betrunken. Doch oft bringt genau das die Welt zum Evangelium, von dem wir denken, dass es sie davon abbringt. Es bringt nur diejenigen davon ab, die als Gegner des Evangeliums erzogen worden sind. Manche glauben, dass Gottes Ruf irgendwie geschützt wird, wenn wir unsere Würde bewahren. Und doch bittet Gott uns ständig unsere Rechte niederzulegen, und sogar unsere Würde. In Petrus' Herzen stieg der Mut auf. Er verstand plötzlich alles und lieferte die perfekte Botschaft für den Anlass ab. Feiglinge brauchen nur eine Berührung von Gott um mutige Prediger mit großer Vollmacht zu werden.

„Brüder, was sollen wir tun?" (Apostelgeschichte 2,37)

Das ist eine ziemlich gewaltige Reaktion von den Leuten, die Jesus nur ein paar Wochen zuvor gekreuzigt haben. Lag es an Petrus‘ Predigt? Ich will den Augenblick seines tiefgreifenden Mutes nicht schmälern, doch Petrus predigte unter einem offenen Himmel. Diese Atmosphäre brachte den Klang des Himmels, der die Denkweise einer ganzen Stadt in einem Moment veränderte. Seine Botschaft war recht knapp. Doch sie war mit Kraft gefüllt und brachte ein Verständnis hervor, das bewirkte, dass das nervöse Gespött aufhörte und die wahren Herzensanliegen zutage kamen. Durch diese eine Botschaft wurden 3000 Menschen gerettet. Es wurde zum schlimmsten Alptraum des Teufels. Plötzlich entwickelten sich die Dinge von der Salbung und einem geöffneten Himmel eines Mannes (Jesus), hin zu den Hundertzwanzig und jetzt wurde es an 3000 neue Gläubige weitergegeben! Das Potenzial dieser Bewegung ist unbegrenzt, bis die ganze Erde von Seiner Herrlichkeit erfüllt ist. Und das ist Gottes Absicht, für die, die Ihn gut verwalten, während sie sich dem wunderbaren Heiligen Geist hingeben.

Worum es eigentlich geht

Ich habe meinen Hintergrund in der Pfingstgemeinde, wofür ich sehr dankbar bin. Meine Vorväter haben einen ziemlich hohen Preis dafür bezahlt, zu predigen und zu vertreten, dass die Geistestaufe und Zungenrede noch heute gelten. Ich bin es ihnen schuldig, ihre Errungenschaften durch nichts zu schmälern, sondern ihnen mein Möglichstes hinzuzufügen. Gleichwohl habe ich gesehen, dass viele falsche Schlüsse über diese Taufe mit dem Heiligen Geist gezogen haben. Es geht nicht um Zungenrede (wobei ich glaube, dass diese wichtig ist und allen zur Verfügung steht). Es geht um Vollmacht. Und nicht nur um die Vollmacht Wunder zu tun, sondern dass die kraftgeladene Atmosphäre des Himmels auf einer Person ruht, was eine Veränderung in der Atmosphäre über einem Zuhause, einer Firma oder einer Stadt bewirkt. Diese Taufe ist dazu da, uns zu lebendigen Zeugnissen und Beispielen der Auferstehung Jesu zu machen, was die größte Demonstration der Kraft des Himmels ist. Der Geist des auferstandenen Christus erfüllte an diesem Pfingsttag die Luft.

Das lange Gebetstreffen

Ich kann mir vorstellen, dass sie nach zehn Tagen gemeinsamen Gebets müde waren und wahrscheinlich alle Anliegen ausgeschöpft hatten, die ihnen in den Sinn kamen. Plötzlich wurde ihre Liebe zu Jesus auf eine Ebene angehoben, die sie noch nie gekannt oder erlebt hatten. In diesem Moment wurde ihr Geist plötzlich vom Heiligen Geist bevollmächtigt. Zum ersten Mal in ihrem Leben waren sie wirklich lebendig. Sie sprachen über Dinge, die sie nicht verstanden. Zwei Welten trafen aufeinander. Und das Verständnis von Gott, das im himmlischen Bereich herrscht, beeinflusste sogar die Sprache der Hundertzwanzig hier auf der Erde. Sie sprachen von den geheimnisvollen Wegen und mächtigen Taten Gottes.

Diese Taufe wird mit Wein verglichen, nicht mit Wasser. Wasser erfrischt und Wein beeinflusst. Wenn Gott eine bestimmte Taufe als Taufe mit Feuer bezeichnet, dann handelt es sich offensichtlich nicht um eine, die nur erfrischend wirkt. Der Himmel ist gekommen, um die Erde mit dieser Taufe zu berühren. Doch als dieser brausende mächtige Sturm kam und die Sprache des Himmels ihnen über die Lippen sprudelte, wurden sie auch von dem erfrischt, was sie beeinflusste. Später macht Paulus darauf aufmerksam, dass es uns erbaut, in Zungen zu reden. Und das ist ganz sicher bei dieser Versammlung passiert. Um es noch zu übertreffen: Sie sprachen von etwas, das so völlig befriedigend, präzise und kraftvoll war, dass es war, als erlebten sie eine völlig neue Zeit. Und das taten sie tatsächlich. Diese himmlische Sprache brach aus ihren Herzen hervor. Doch zum ersten Mal in ihrem Leben (und in der gesamten Geschichte) sagten sie genau das, was gesagt werden musste, ohne etwas zu vergessen oder auf irgendeine Weise zu versagen.

Der Geist Gottes sprach durch sie, mit einem ausgezeichneten Verständnis von Gott, den Er erhöhte. Ihr Lob ging direkt vom Geist Gottes durch ihre hingegebenen Lippen hin zu Gott selbst. Bei dieser Gelegenheit wurde der menschliche Verstand außer Acht gelassen. Sie sprachen *„über die Taten Gottes“ (Apostelgeschichte 2,11).* An dieser Stelle war die Sprache eine Sprache des Lobes, nicht des Gebets. Stellen Sie sich vor, was für ein Vorrecht es war, über einer Stadt, die Gott abgelehnt hatte, die großen Wunder von Gottes Wesen auszusprechen. Es war berauschend, um es gelinde auszudrücken. Die Absicht des Herrn ist es, dass diese Taufe mit Feuer alle Herzen in Brand setzt. Dies würde am besten durch ein Volk ausgedrückt werden, das von der Gegenwart angetrieben wird anstatt vom Dienst. Es geht nicht darum, was ich für Gott erreichen kann. Es geht nur darum, wer mit mir geht, und dass ich mein Bestes gebe um diese wertvollste Verbindung aufrechtzuerhalten.

Wenn mehr zu noch mehr führt

Ein paar Jahre nach dieser großen Ausgießung des Geistes liefen die Dinge immer noch recht gut. Die Zahl der Gläubigen stieg täglich und eine ganze Stadt wurde von Wundern erschüttert. Petrus und Johannes setzten ein Wunder für einen gelähmten Mann frei, das alle aufzurütteln schien (siehe Apostelgeschichte 3,1-10). Ihnen wurde zugeschrieben, dass sie großen Mut besitzen. Als Folge davon wurden sie gefangen genommen, verhört, verfolgt und schließlich freigelassen. Auf ihre Freilassung hin gingen sie zu einem Gebetstreffen und beteten um noch mehr Kühnheit.

> *Und nun höre ihre Drohung, Herr, und gib Deinen Dienern Mut, wenn sie weiterhin die gute Botschaft verkünden. Sende Deine heilende Kraft, damit im Namen Deines heiligen Knechtes Jesus Zeichen und Wunder geschehen. (Apostelgeschichte 4,29-30)*

Und der Geist Gottes kam wieder. Wir brauchen immer mehr!

Viele, die in Zungen reden, denken, sie wären voll Heiligen Geistes. Dass man voll Heiligen Geistes ist, zeigt sich nicht darin, dass man in Zungen redet, es zeigt sich dadurch, dass man gefüllt ist. Wie weiß man, dass ein Glas ganz voll ist? Es läuft über. Petrus war am Pfingsttag voll mit dem Heiligen Geist. In Apostelgeschichte 4 gesellte er sich zu vielen anderen in einem Gebetstreffen. Ihr Schrei nach mehr war eine überwältigende Bekundung. Auch Petrus betete für mehr. Er betete nicht um Befreiung inmitten der Verfolgung, sondern um Mut – diese Eigenschaft, die anderen manchmal auf den Schlips tritt – sodass er tiefer in den Bereich der Finsternis eindringen und mehr Opfer von dort herausziehen kann. Und in der Bibel heißt es:

> *Nach diesem Gebet bebte das Gebäude, in dem sie sich versammelt hatten, und sie wurden alle vom Heiligen Geist erfüllt. Und sie predigten mutig und unerschrocken die Botschaft Gottes. (Apostelgeschichte 4,31)*

In Apostelgeschichte 2 ist Petrus gefüllt. In Apostelgeschichte 4 muss er wieder neu gefüllt werden. Warum? Wenn Sie es richtig machen, müssen Sie oft gefüllt werden. Es gibt eine Taufe. Doch wir sollen so leben, dass wir alles weggeben, was wir bekommen, während unser Fassungsvermögen für Ihn zunimmt. Wenn wir voll Heiligen Geistes sind und Seinen Überfluss erleben, dann genügt es uns nur, wenn wir mehr von Ihm haben. Wenn wir aufs Neue gefüllt werden müssen, ist das kein Zeichen dafür, dass etwas schief gelaufen ist. Eine ständige Abhängigkeit von mehr ist eine gute Sache.

Der Zweck der Ausgießung

Man könnte leicht annehmen, dass so etwas wie die Taufe mit dem Heiligen Geist, uns vorrangig brauchbarer für den Dienst machen soll. Das macht uns kopflastig, im Sinne von Ergebnisorientiert. Mein Freund Bob Kilpatrick würde diesen Ansatz „Gesetz statt Kunst" nennen.[5] Es gibt Bereiche in unserem Wandel mit Christus, die niemals auf eine Liste von Zielen und Leistungen beschränkt werden sollten. Dieses unvorstellbare Vorrecht, Seine Gegenwart in uns zu tragen, sollte mich nie darauf reduzieren, nur ein Arbeiter für Gott zu sein. Die Entscheidung, Diener oder Freund zu sein, wird immer noch täglich getroffen. Es ist zwar eines meiner höchsten Privilegien, Ihm völlig zu dienen, doch meine Arbeit ist nur ein Nebenprodukt meiner Liebe. Diese Taufe führt uns in eine Vertrautheit höchsten Grades hinein.

Das Herz Gottes in dieser Angelegenheit zeigt sich deutlich in dieser erstaunlichen Prophetie Hesekiels: *„Und ich werde mich nicht mehr von ihnen abwenden, denn ich habe meinen Geist über ihnen ausgegossen, spricht Gott, der Herr." (Hesekiel 39,29)* Die Offenbarung des Angesichts Gottes liegt in der Ausgießung des Heiligen Geistes. Es gibt nichts Größeres. *„Ein Lächeln des Königs spendet Leben; seine Gunst ist erfrischend wie ein sanfter Regenschauer." (Sprüche 16,15)* Regen ist eine biblische Metapher für das Wirken des Heiligen Geistes, deshalb auch die Bezeichnung „Ausgießung". Dieser Vers bringt auch Gottes Angesicht und Seine Gunst mit der Ausgießung Seines Geistes in Verbindung.[6]

Die Offenbarung des Angesichts Gottes durch die Ausgießung des Geistes wurde allen zugänglich gemacht.

---

5 „Die Kunst du selbst zu sein: Wie man Gottes Meisterstück wird" von Bob und Joel Kilpatrick geht dieses Thema schön an. Es ist im Grain-Press Verlag erschienen.

6 In meinem Buch „Gottes Angesicht sehen", das auch im Grain Press Verlag erschienen ist, steht dieses Thema im Zentrum.

Die Ausgießung in Apostelgeschichte 2 war der Anfang. Die Ausgießung des Geistes ist die Erfüllung unserer Suche nach dem Angesicht Gottes. Das bedeutet: Wohin wir auch gehen mit der Erweckung, wir kommen nicht an Seinem Angesicht vorbei. Wir können nur in eine Richtung gehen: Wir müssen nach einem größeren Maß Seiner Gegenwart schreien. Psalm 80 verknüpft die Gunst Seines Angesichts mit dem Werk Seiner Hände. Die Gerechten, die in der Vertrautheit Sein Angesicht suchen, können dazu gebraucht werden, große Taten zu vollbringen. Die Helden des Glaubens wurden zu Männern und Frauen Seiner rechten Hand (siehe Psalm 80,18; Luther 1984) Er zog sie an wie einen Handschuh und gebrauchte sie, um Seine Zeichen und Wunder sichtbar zu machen. Wir müssen das sehen, was uns zur Verfügung steht und für ein größeres Maß Seiner Gunst in unserem Leben kämpfen.

Mose erlebte die verändernde Gegenwart in seinem eigenen Gesicht. Es war das Ergebnis seiner Begegnung mit Gott von Angesicht zu Angesicht. Die Ausgießung bringt uns wieder vor Sein Angesicht. Ob Sie es glauben oder nicht: Moses Erlebnis ist vergleichsweise blass. *„Können wir da nicht noch weit größere Herrlichkeit erwarten, wenn der Heilige Geist Leben schenkt?“ (2. Korinther 3,8)* Wenn wir es also zur Priorität machen, Seine Gegenwart zu bewahren, lernen wir es, Sein wohlwollendes Gesicht über der Erde freizusetzen. Das geschieht durch Leute, die große Gunst genießen.

7

Der ultimative Prototyp

Um die zehn Jahre nach dem Pfingsttag erlebte die Kirche wieder „Wachstumsschmerzen“. Das geschah mindestens einmal zuvor, in Apostelgeschichte 6, als die Grundbedürfnisse einiger Witwen nicht gestillt wurden. Es wurde deutlich, dass sie Leute brauchten, die sich dem praktischen Dienst widmeten und sich richtig um Menschen kümmerten, während sich die Apostel dem Gebet und Bibelstudium verpflichten konnten. Das neue Team von Dienern wurde Diakone genannt. Doch nun gab es ein viel größeres Problem. Es wurde eine große Anzahl von Heiden gerettet, und diese beeinflussten die Kultur und den Charakter dieses neuen Organismus, genannt Kirche. Manche würden wohl sagen, dass der Schwanz jetzt mit dem Hund wedelte.

Die Heiden hatten eine ganze Weile gebraucht, bis sie wirklich einen Akzent in der Gemeinde der Juden setzen konnten. Eigentlich waren sie ziemlich zufrieden mit ihrem gemeinsamen Leben in Jerusalem, zumindest bis dann die Verfolgung einsetzte. (Selbst ein offener Himmel ist keine Garantie dafür, dass es keinen Widerstand gibt. Solange es Menschen gibt, die mit dem Teufel ein Abkommen treffen, gibt es unterschiedliche Ebenen des Widerstands gegen Gottes Volk.) Die Gemeinde wurde dann über die ganze damals bekannte Welt zerstreut, während die Apostel zurückblieben. Leute, die eigentlich keine Leiter sein sollten, fanden sich plötzlich an einem Ort wieder, an dem Leiter gebraucht wurden.

Manchmal wissen wir nicht, was in uns steckt, bis wir herausgefordert sind zu dienen. Sie machten einen Schritt in eine größere Salbung hinein und fanden ziemlich schnell heraus, was sie hatten. Es wurde eine beträchtliche Anzahl von Menschen gerettet. Dann begannen sie damit, ihre Aufmerksamkeit auf den Auftrag zu lenken, den Jesus selbst ihnen beinahe zehn Jahre zuvor erteilt hatte. *„Darum geht zu allen Völkern …“ (Matthäus 28,19)* Und dann:

> *Aber wenn der Heilige Geist über euch gekommen ist, werdet ihr Seine Kraft empfangen. Dann werdet ihr den Menschen auf der ganzen Welt von mir erzählen – in Jerusalem, in ganz Judäa, in Samarien, ja bis an die Enden der Erde. (Apostelgeschichte 1,8)*

Die Bewegung außerhalb Jerusalems wuchs so schnell, dass sie ihre geistlichen Leiter, die Apostel, zur Hilfe riefen. Und sie brachten ihnen die so dringend benötigte Hilfe, sowohl auf dem Gebiet der Wunder als auch in ihrer Aufsichtsfunktion. Es scheint, dass fast zufällig eine Schwerpunktveränderung geschah. Hier begann die Gemeinde, Probleme mit den Heidenchristen zu bekommen.

Wer hat meine Kirchenbank besetzt?

Ich habe das auch in unserer Zeit beobachtet. Gemeindemitglieder machen es sich schön bequem – und dann schlägt die Erweckung zu. Diejenigen, die sie ablehnen, werden sie natürlich nicht als wahres Wirken Gottes bezeichnen. Doch es gibt immer einen großen Zustrom von Leuten, die jahrelang nichts zum Gemeindebau beigetragen haben, sie kommen begeistert in die Kirche und fragen sich dann, warum die Leute nur rumsitzen. Wenn man dieser Mischung noch eine große Anzahl frisch Bekehrter hinzugibt, werden die Dinge wirklich spannend. Neubekehrte sind dafür bekannt, dass sie alle möglichen Probleme ans Tageslicht bringen. Mein Onkel sagte immer: „Jeder Haushalt braucht einen Zweijährigen." Er sprach vom Natürlichen. Doch dasselbe gibt es auch im Geistlichen. Wenn Kinder da sind, werden automatisch die Prioritäten verfeinert. Chuck Smith von Calvary Chapel in Costa Mesa traf solch eine Entscheidung, als er am Anfang der Jesus People Bewegung dieses Problem ansprach. Die Mitglieder waren besorgt darüber, dass ihr Teppich von den barfüßigen Hippies zerstört würde. Pastor Chuck erklärte ihnen, dass er dann einfach den Teppich herausreißen wird. Prioritäten. Einfach und doch tiefgreifend.

Wenn man Kritik rechtfertigen will, muss man natürlich eine geistlich klingende Bezeichnung dafür finden.

Heiligkeit oder Urteilsvermögen wird in diesen Momenten oft benutzt. Es erstaunt mich, wie viele Leute jahrelang für Erweckung beten, und dann die Gemeinde verlassen, wenn sie tatsächlich kommt. Das Wirken Gottes bringt alles durcheinander. Nichts bleibt davon unberührt. Als Menschenfischer ist es unsere Aufgabe, die Fische zu fangen und Gott zur Verfügung zu stellen, damit er sie reinigen kann.

Die Apostel hatten viele Sorgen. Bei den meisten davon drehte es sich um Probleme mit der Heiligkeit, was ein legitimes Problem ist. Sie mussten sich darauf einigen, wie Rettung durch Gnade wirklich aussah. Diese neuen Gläubigen stellten Dinge in Frage, die von den jüdischen Gläubigen vielleicht niemals hinterfragt worden wären. Zu dieser Mischung kommt die Tatsache hinzu, dass es da auch noch die gab, die auf ungesunde Weise an die alte Art und Weise gebunden waren, wie man Dinge tut (wie im Gesetz des Mose). So herrschte echte Unsicherheit über alles. Ich bin überzeugt davon, dass jeder Apostel seine Überzeugungen hatte, wie alles sein sollte.

Es besteht kein Zweifel daran, dass sie sich alle der Rettung durch Gottes Gnade hingegeben hatten. Doch es gibt auch starke Belege dafür, dass sie nicht alle gleich dachten. Doch wichtiger noch: Sie wollten keine unterschiedlichen Maßstäbe weitergeben, weil sie weiterhin erfolgreich die damals bekannte Welt evangelisieren wollten. Sie mussten also einige Entscheidungen treffen.

Das erste seiner Art

Die erste Leiterkonferenz wurde für diese Elitegruppe der Apostel einberufen. Sie versammelten sich in Jerusalem, dem von Gott bestimmten Hauptsitz der Gemeinde. Als sie sich trafen, sprachen sie diese Themen an. Doch die Art, wie sie zu einem Ergebnis gekommen sind, ist ziemlich faszinierend. Sie erzählten sich einander Zeugnisse. Sie hatten alle Geschichten zu erzählen, die mit Gottes Ausgießung unter den Heiden zu tun hatten. Als sie die Geschichten gehört hatten, begannen sie einen roten Faden zu entdecken. Gott goss Seinen Geist über den Heiden aus, ehe sie genügend wussten, um sich mit der jüdischen Tradition vertraut zu machen. Er schien bei Seinem Wirken unter ihnen sogar wenig Rücksicht darauf zu nehmen, wie sehr sie auf eine authentische Ausgießung des Heiligen Geistes überhaupt vorbereitet waren.

Es bewegt mich an diesem Teil der Geschichte, dass sie ihre Theologie um das herum aufbauten, was sie Gott tun sahen. Sie gingen das Problem nicht mit einem exegetischen Studium von Jesu Predigten an um herauszufinden, was sie tun sollten. Diese Art von Studium ist edel und gut. Doch normalerweise muss Gott erst einmal am Wirken sein, ehe man einen Einblick in das bekommt, was eigentlich gerade passiert. Ich habe noch nie gehört, dass jemand durch Studieren in eine Erweckung geraten ist.

Mir ist klar, dass es für viele den Anschein hat, dass ich mich da auf dünnem Eis bewege, doch mir ist es das Risiko wert. Warum glauben Sie, dass neue Bewegungen Gottes fast immer mit Leuten beginnen, die keine Ahnung haben, was sie tun? Wir beschränken Gott, zumindest teilweise, auf unser derzeitiges Verständnis davon, wie Gott zu wirken hat und gleichzeitig beten wir dafür, dass Gott Neues unter uns tut. Wenn wir keine Anfänger bleiben, kann uns das, was wir wissen, von dem abhalten, was wir wissen sollten. Wenn wir zu Experten werden, haben wir festgelegt, wo wir die Obergrenze für unsere Reife setzen. Gott erwartet immer noch, dass die grundlegenden Entwicklungen im Reich Gottes durch einen kindlichen Geist erreicht werden.

Ich brauche einen Zeugen!

Jakobus, der Apostel in Jerusalem, zog ein biblisches Fazit aus der Zeit, in der die Zeugnisse erzählt wurden. Er sagte: *„Diese Bekehrung der Nichtjuden stimmt mit den Voraussagen der Propheten überein." (Apostelgeschichte 15,15)* Was er in den darauffolgenden Augenblicken sagte, war ihm wahrscheinlich auch neu, denn es gibt keine Quellen, die besagen, dass diese Offenbarung vor diesem Zeitpunkt schon verbreitet war. Es wirkt auf mich, als hätte Gott ihm diese Bibelstelle ins Herz fallen lassen, während sie sprachen. Anders ausgedrückt: Gott gab Jakobus Schriftstellen, die die Rechtmäßigkeit der Geschichten, die erzählt wurden, bestätigten. Die biblische Bestätigung ist entscheidend. Doch ich bezweifle, dass es schon mal ein großes Wirken Gottes gegeben hat, bei dem allem, was passierte, eine Offenbarung vorausgegangen wäre (dass sie es also verstanden, bevor es passierte). Erfahrung bringt Verständnis. Ein vollständiges Verständnis scheint zunächst das große Vertrauen zu übergehen, das Gott Seinem Volk gegenüber in Seinem Herzen pflegt. Auf jeden Fall bekam

Jakobus ein Wort von Gott für die nötige biblische Abdeckung.

Hier ist der Bericht:

Als sie geendet hatten, stand Jakobus auf und sagte: „Brüder, hört mich an. Petrus hat euch erzählt, wie Gott zum ersten Mal die Nichtjuden aufsuchte, um sich aus ihnen ein Volk zu wählen, das Seinen Namen trägt. Diese Bekehrung der Nichtjuden stimmt mit den Voraussagen der Propheten überein. So steht geschrieben: ‚Danach werde ich zurückkommen und das gefallene Königreich Davids wiederherstellen. Aus den Trümmern werde ich es wieder aufbauen, und ich werde es wiederherstellen, damit die Übriggebliebenen den Herrn suchen, die Nichtjuden eingeschlossen – alle, die ich zu mir gerufen habe. So spricht der Herr, der dies alles schon vor langer Zeit bekannt gemacht hat.‘ Deshalb bin ich der Überzeugung, dass wir den Nichtjuden, die sich zu Gott bekehren, das Leben nicht unnötig erschweren sollten. Allerdings sollten wir ihnen schreiben und ihnen auftragen, kein Fleisch zu essen, das den Götzen geopfert wurde, alle Unzucht zu meiden und weder Blut noch das Fleisch nicht ausgebluteter Tiere zu essen.“ (Apostelgeschichte 15,13-20)

Erinnern Sie sich daran: Das Problem drehte sich ja nur um die Heiden. Die Apostel wussten, dass sie gerettet werden konnten. Doch sie waren sich nicht sicher, wie viel ihrer jüdischen Religion und Geschichte für diese neuen Gläubigen von Bedeutung war. Im Abschnitt in Apostelgeschichte 15 wird das Königreich Davids erwähnt. Das ist die eine Geschichte im Alten Testament, die eine größere Grundlage für dieses Thema des christlichen Lebens bietet, als irgendeine andere (siehe 2. Samuel 6; 1. Chronik 15). Die Geschichte handelt von Herzen, von der Gegenwart, von verschwenderischer Anbetung, und von einer ungewöhnlichen Aufgabe unter den Völkern. Auch die Gnade steht im Mittelpunkt dieser Geschichte.

Das Königreich Davids wurde zum Hintergrund des Lebens, wie wir es heute in der neutestamentlichen Gemeinde kennen. Es hatte mit König David zu tun, der die Funktion eines Priesters hatte, und der in Apostelgeschichte 2 sogar auch als Prophet bezeichnet wird. Für mich ist David das größte Beispiel für ein Leben unter der Gnade im Alten Testament. König, Priester und Prophet, ein vollständiges prophetisches Bild des kommenden Christus. Es zeigte auch den zukünftigen neutestamentlichen Gläubigen.

Das Heiligtum Davids bestand fast 40 Jahre. Es war eine völlig neue Annäherung an Gott, die Priester beteten Gott 24 Stunden am Tag an, sieben Tage die Woche und ohne blutige Opfer.

Gottes Haus im Stil des Alten Testaments

Es gab im Alten Testament mehrere Gotteshäuser. Das erste war in der Geschichte aus 1. Mose 28, als Jakob Gott am Fuß des Berges begegnete. Es wurde Bethel genannt; das bedeutet „Haus Gottes“. Es wird in Kapitel 1 dieses Buches behandelt. Es gab dort kein Gebäude. Aber Gott war da. Das machte es zu Seinem Haus.

Die Stiftshütte des Mose vermittelte uns ein Bild von Jesus. Jedes Einrichtungsstück sprach über etwas im Bezug auf den kommenden Messias. Es wurde gemäß den detaillierten Anweisungen gebaut, die Gott Mose auf dem Berg in einer Begegnung von Angesicht zu Angesicht gegeben hatte.

- Der Tempel Salomos war herrlicher und schöner als alles, was je auf dieser Erde gebaut worden war. Es war der beste Versuch der Menschheit, Gott eine Wohnung zu geben, die Seinem Wert entsprach. Er wurde nach sehr genauen Plänen gebaut und repräsentierte Gottes bleibende Wohnstätte.

- Der wiederaufgebaute Tempel Salomos hatte die doppelte Größe des Originals. Wenn Gott erneuert, dann baut Er etwas Größeres auf, als das, was es vor dem Wiederaufbau gab. Der neue Tempel enthielt jedoch nicht die Schönheit des vorausgegangen. Diejenigen, die die frühere Herrlichkeit gesehen hatten, weinten beim Anblick des erneuerten Hauses. Diejenigen, die das vorherige Haus nicht gesehen hatten, jubelten über das neue.

- Das Heiligtum Davids wurde zur Anbetung gebaut. Das Baumaterial wird nie genannt, und auch zur Größe gibt es keine Angaben. Die Bundeslade war dort und die Gegenwart Gottes ruhte auf der Lade. Die Priester beteten rund um die Uhr an. Es wurden mehrere Schichten eingeteilt, damit dies fortwährend möglich war. Die beiden herausragenden Faktoren waren: Gott war dort in Seiner Herrlichkeit, und Priester dienten Gott nonstop.[7]

Wer sind wir?

Der Prophet Amos prophezeite über eine Zeit, in der das Haus Davids wieder aufgebaut werden würde.

> *„An jenem Tag werde ich das gefallene Königreich Davids wiederherstellen. Ich werde die Risse seiner Mauern wieder vermörteln und seinen früheren Zustand wiederherstellen. Und Israel wird besitzen, was von Edom und all den Völkern, die ich zu meinem Eigentum berufen habe, übrig ist", spricht Gott, der Herr, der dies auch tut. (Amos 9,11-12)*

Er bezeichnet den Wiederaufbau des Königreichs Davids als das, was die Frucht bringt, die Er sich wünscht: den Rest von Edom und all den Völkern zu besitzen, die Er zu Seinem Eigentum berufen hat. Das Projekt des Wiederaufbaus würde eine besondere Frucht freisetzen: Die Heiden würden in das Königreich hineinkommen.

Jakobus bestimmte den Baum anhand seiner Früchte. Mit anderen Worten: Er sah, dass die Heiden hineingeführt wurden, wie die Propheten es gesagt hatten (die Frucht). Dies befähigte ihn dazu, zu erkennen, was Gott

7 Das beste mir bekannte Modell dessen in der heutigen Zeit ist Mike Bickels IHOP (International House of Prayer), das seinen Sitz in Kansas City hat. Es ist ein außergewöhnlicher Dienst, bei dem Anbetung und Fürbitte nun schon seit über zehn Jahren ununterbrochen aufrechterhalten wurden.

auf der Erde gerade tat. Das Werk Gottes war die Erneuerung des Hauses Davids, was in diesem Bild der Baum ist. Es ist dieses besondere Werk Gottes, das die Frucht hervorbrachte. Genauer gesagt: Die Gemeinde ist das Haus, das eine Priesterschaft beherbergt; eine anbetende Gemeinschaft, die Gott geistliche Opfer bringt.

> *Und nun lasst euch von Gott als lebendige Steine in Seinen geistlichen Tempel einbauen. Ihr sollt Gottes heilige Priester sein und Ihm geistliche Opfer bringen, die Er durch eure Gemeinschaft mit Jesus Christus annimmt! (1. Petrus 2,5)*

Diese Priesterschaft von Anbetern ist Gottes Wiederaufbauprojekt. Die anbetende Gemeinde bewirkte einen offenen Himmel, durch den die Heiden die Wahrheit zum ersten Mal sahen und verstanden. Anbetung reinigte die Luftwellen, genauso, wie es in Apostelgeschichte 2 in Jerusalem geschah.

Mir gefällt, wie Jakobus Vers 12 deutete. Amos sagte: *„Und Israel wird besitzen, was von Edom und all den Völkern, die ich zu meinem Eigentum berufen habe, übrig ist." (Amos 9,12)* Aber Jakobus sagte, indem er die Stelle in Amos zitierte: *„... damit die Übriggebliebenen den Herrn suchen, die Nichtjuden eingeschlossen – alle, die ich zu mir gerufen habe." (Apostelgeschichte 15,17)* Er interpretiert es auf dem Hintergrund eines neutestamentlichen Kontextes. (Jesus tat dasselbe mit Psalm 8,3. Er nahm *„Aus dem Munde der Kinder und Säuglinge hast Du Macht gegründet" und machte es zu „Aus dem Mund der Unmündigen und Säuglinge hast Du Dir Lob bereitet" in Matthäus 21,16; Elberfelder.)* In der Originalaussage von Amos ist Edom das Land Esaus. Esau verkaufte sein Erstgeburtsrecht. Er wurde zum biblischen Beispiel für den Rest der Menschheit, der kein natürliches Erbrecht hat. Doch aus Gnade wurden wir in den Plan Gottes für Sein Volk eingepfropft.

Die Kernaussage dieser Prophezeiung ist, dass wir wissen, wenn Gott das Haus Davids wiederaufbaut, weil es sich dadurch zeigt, dass Heiden zum Glauben an Jesus kommen.

Was wird gebaut?

Was wird also wiederaufgebaut? Die Gemeinde mit ihrer einmaligen davidischen Salbung für die Gegenwart Gottes ist die Erfüllung dieser Prophezeiung von Amos. Wir sind die Gemeinschaft von Anbetern, deren vorrangiger Schwerpunkt darauf liegt, Gott selbst zu dienen. Doch die Bedeutung für dieses Buch liegt in dieser einen Tatsache: Nur Priester konnten die Gegenwart Gottes in sich tragen. Gott ist ziemlich hartnäckig, was diese Forderung angeht.

Um zu sehen, was Gott wiederaufbaut, und inwiefern das uns mit unserem einmaligen Vorrecht betrifft, müssen wir zunächst etwas über das ursprüngliche Projekt erfahren. Davids Leidenschaft bereitete den Weg dafür.

Gute Absichten können zum Tod führen

Saul war vor David König. Da König Saul der Bundeslade wenig Beachtung schenkte, wurde David König über Juda und dann über Israel. Seit seiner Zeit in der tiefsten Wüste, als er sich um die Schafe seines Vaters kümmerte, war er mit der Gegenwart Gottes vertraut. Er war ein Anbeter. Zweifelsohne lernte er in seinen persönlichen Zeiten mit Gott etwas über Gottes Verlangen nach hingegebenen Herzen, anstelle des Blutes von Stieren und Ziegen. Einige der besten Lektionen Gottes kann man in keinem Unterricht lernen, sondern nur, wenn man mit Ihm unterwegs ist.

David traf umgehend Vorkehrungen, um die Bundeslade nach Jerusalem zu bringen und sie in das Zelt zu stellen, das für diesen Zweck aufgeschlagen wurde (siehe 2. Samuel 6,17). Das war Davids höchste Priorität. Es gab nichts, das auch nur annähernd an diese Priorität von Gottes Gegenwart mit David und mit Israel herankam. Die Geschichte ist spannend, faszinierend und tödlich.

Die Nation Israel bereitete sich auf diesen Tag vor. Sie säumten die Straßen um dieser Zeremonie der Anbetung zu folgen, mit der die Gegenwart Gottes in die Stadt Davids, Jerusalem, gebracht wurde. Diejenigen, die ein Instrument spielen konnten, brachten es mit, um Gott in einer Opferfeier zu ehren, als Er zu ihnen kam. Für dieses Ereignis wurde der schönste Ochsenkarren beschafft. Die Priester nahmen ihre Plätze ein, als sie den Heiligen hereinführten. Doch einer der Ochsen stolperte, sodass beinahe der Wagen stürzte, der die Lade trug. Aus Besorgnis um die Gegenwart Gottes streckte Usa seine Hand aus, um die Lade zu stützen. Der Zorn Gottes entbrannte gegen ihn wegen seiner Respektlosigkeit. Gott tötete ihn. Seine Gegenwart kann nicht von Menschen hantiert werden. Schon allein diese Geschichte sollte die Herzen und Sinne derer ernüchtern, die dazu tendieren, einen persönlichen Nutzen aus der Salbung zu ziehen. Er lässt sich nicht von Menschen in Beschlag nehmen.

David ließ die Bundeslade im Haus des Obed-Edom. Sein ganzer Haushalt blühte auf wegen der Gegenwart Gottes (siehe 2. Samuel 6,11).

Im Zweifelsfall, lesen Sie die Anleitung

Zu sagen, dass David sich fürchtete, wäre eine große Untertreibung. Er war sich so sicher gewesen, dass er genau das tun sollte. Sein Hunger nach Gott war aufrichtig und legitim. Doch Aufrichtigkeit allein rettet niemanden. Wenn man vom Brechnussbaum trinkt, weil man denkt, es wäre eine Frucht, wird er davon nicht weniger giftig.

Als David hörte, dass der Haushalt Obed-Edoms in jeder Hinsicht gesegnet war, versuchte er gewissenhafter herauszufinden, was an dem Tag, als Usa starb, schief gelaufen war. Er wandte sich scheinbar an die Schrift um zu Einsichten zu gelangen. (Es ist nicht falsch, den Wunsch gesegnet zu sein als Motivation zu haben. Sogar Jesus ertrug das Kreuz wegen der Freude, die vor Ihm lag (siehe Hebräer 12,2) Belohnung spielt eine große Rolle, wenn wir im Bewusstsein des Königreiches leben.) David fand heraus, dass nur Priester die Gegenwart Gottes tragen konnten (siehe 1. Chronik 15,2). Und zwar für immer. Ich liebe es, wenn ich ein Gebot oder eine Verheißung finde, die die Worte „für immer“ enthält. Das bedeutet automatisch, dass da ein Prinzip beteiligt ist, das sowohl auf den Lebensstil der Gnade als auch auf unsere himmlische Existenz übertragen wird. Bei diesem Vers ist das der Fall. Nur Priester können die Gegenwart Gottes tragen. Punkt, Schluss.

Gott reitet nicht auf Ochsenkarren, obwohl die Philister scheinbar damit davongekommen sind (siehe 1. Samuel

4-6). Die Gegenwart Gottes wird nicht auf irgendetwas ruhen, das wir produzieren. Er ruht auf uns. Ich glaube, dass das für Organisationen, Gebäude usw. gilt. Die Leute schauen oft auf Institutionen, die geschaffen wurden um große Dienste zu ermöglichen. Doch egal, wie groß die Organisation, ihre Verordnungen oder auch ihr Ruf sind, Gott ruht nicht auf diesen Dingen. Er ruht auf Menschen. Hingegebene Menschen haben das Vorrecht, Gott in die Situationen des Lebens hinein zu tragen (Ihn zu bewahren).

Erneute Versuche

David kündigte einen neuen Plan an, die Gegenwart Gottes in seine Stadt hineinzuführen. Die Leute waren bereit. Die Priester waren bereit. Die priesterlichen Musiker waren für diesen Tag ausgebildet. Diejenigen, die dazu beauftragt waren, die Lade Seiner Gegenwart zu tragen, dachten wahrscheinlich mit angsterfüllter Begeisterung darüber nach, mit welchem Vorrecht ihre Aufgabe einherging. Immerhin starb derjenige, der zuletzt so nahe an die Lade herangekommen war. Doch dieses Mal hatten sie den in der Schrift geoffenbarten Willen Gottes als Unterstützung des Vorgangs.

Diese Geschichte ist eine der größten in der Bibel. Sie sollte von jedem Gläubigen vorwärts und rückwärts auswendig gekonnt werden, denn sie ist der Schlüssel dazu, dass wir unsere Rolle in dieser Zeit deutlich erfüllen können.[8] Es ist unsere Geschichte – nur damals war sie ihrer Zeit voraus.

8 Das beste Material, das ich zu diesem Thema kenne, ist von Ray Hughes. Es ist auf http://selahministries.com erhältlich. Ich empfehle Ihnen sowohl Ray als auch seine Materialien stark.

Der Tag kam. König David zog sich seine königlichen Gewänder aus und zog sich eine priesterliche Tunika an, im Grunde genommen das Untergewand eines Priesters. Das ist nichts, worin man einen König normalerweise sehen würde. Doch König David war ja auch kein gewöhnlicher König. Er wurde bekannt als der Mann nach dem Herzen Gottes, der Mann der Gegenwart Gottes. Nach sechs Schritten hielten sie an und opferten dem Herrn einen Ochsen. Dann tanzte er aus Leibeskräften vor der Lade.

Das muss ein furchtbar schöner Anblick gewesen sein. Ganz Israel säumte die Straßen und jubelte in der Gegenwart Gottes. Die Musiker spielten mit großem Geschick. Soweit es möglich war, tauchte die Nation zu diesem Ereignis auf. Die Größe, die Pracht und die Lautstärke müssen überwältigend gewesen sein. Alle Anwesenden wurden von diesem Erlebnis beeinflusst, das man nur einmal im Leben haben kann.

Es ist bemerkenswert, dass die Bundeslade (die Gegenwart Gottes) David nach Jerusalem folgte. Wo immer David tanzte, folgte Gott ihm. Er reagiert auf unsere Opfer. In dieser Geschichte ist es ein Opfer der Dankbarkeit und des Lobes, ausgedrückt im Tanz. Manche reagieren auf Gott, wenn sie Seine Gegenwart einmal ausgemacht haben. Doch manche reagieren, noch bevor Er überhaupt kommt. Das sind diejenigen, die die Gegenwart des Königs der Ehre hinein begleiten. Eine andere Betrachtungsweise ist: Gott zeigte sich überall, wo König David auf eine würdelose Weise tanzte. Es könnte uns überraschen, wenn wir herausfinden, was Ihn anzieht.

Jemand fehlt

Doch es gab eine beachtenswerte Abwesende: Michal, die Tochter Sauls, schaute sich das Ereignis durch das Fenster des Palastes an. Extreme Anbetung sieht für die, die in einiger Entfernung stehen, immer wie extreme Torheit aus. Manche Dinge können nur von jemandem verstanden werden, der innerhalb steht. Das ist der Fall bei authentischer Anbetung.

Michal war entsetzt über Davids einfache Kleidung, seinen völligen Mangel an Anstandsregeln und dass er sich nicht darum scherte, wie die Leute seine Leidenschaft wahrnahmen. Anstatt ihn ehrwürdig zu begrüßen, versuchte sie ihn zu beschämen.

Als David nach Hause zurückkehrte, um seine Familie zu begrüßen, kam Michal, die Tochter Sauls, ihm entgegen und sagte: „Wie würdevoll der König von Israel heute aussah! Er hat sich vor den Mägden seiner Untertanen entblößt, wie es nur einer tut, der keine Scham kennt!" (2. Samuel 6,20)

Seine Antwort war in vielerlei Hinsicht sehr mutig.

Doch David gab Michal zurück: „Ich habe vor dem Herrn getanzt, der mich vor deinem Vater und seinen Nachkommen erwählt hat. Der Herr hat mich zum Anführer Seines Volkes Israel gemacht. Ja, vor Ihm will ich auch künftig tanzen. Und ich bin sogar bereit, mich noch tiefer zu erniedrigen als diesmal und demütig von mir zu denken; aber bei den Mägden, von denen du gesprochen hast, werde ich an Ansehen gewinnen." (2. Samuel 6,21-22)

David stellte klar, dass Gott ihn erwählt und über ihren Vater gestellt hat. Das war ein bissiger Kommentar, gelinde gesagt. Ihre Missachtung gegenüber der Gegenwart Gottes zeigte, dass sie etwas von dieser mangelnden Wertschätzung der Gegenwart in sich trug, mit der ihr Vater Saul während seiner Regierungszeit gelebt hatte. Wir sollten nie unsere Betonung der Gegenwart Gottes herunterschrauben, um uns den Michals im Haus anzupassen. Er schloss diesem Kommentar an, dass sie im Grunde genommen noch gar nichts gesehen hatte. Mit anderen Worten: Wenn sie das schon peinlich fand, sah ihre Zukunft nicht so rosig aus. David wärmte sich gerade erst auf. *„Michal aber, die Tochter Sauls, blieb ihr Leben lang kinderlos."* (2. Samuel 6,23) Tragischerweise.

Wenn jemand verschwenderische Anbetung verachtet, bringt er sich selbst in eine extrem gefährliche Lage. Unfruchtbarkeit ist die natürliche Folge davon, dass man Lobpreis verachtet. Indem man das tut, verachtet man den Grund, warum wir am Leben sind. Unfruchtbarkeit und die Abwesenheit von Anbetung gehen Hand in Hand. Diese Szene wiederholte sich während Jesu Dienstzeit, und zwar als kostbares Öl über Jesus geleert wurde. Alle Jünger waren aufgebracht (siehe Matthäus 26,8). Der Teufel hat übrigens nichts gegen Anbetung, die zahm ist. Extreme Anbetung enthüllt Religiosität.[9]

Es gibt einen wunderbaren Vers, der darüber spricht, wie sich extreme Anbetung auf Unfruchtbarkeit auswirkt:

---

9 Historisch gesehen wird Religion als ein positiver Begriff benutzt. Neuerlich wird es meistens dazu benutzt um ein Christentum als kraftlose Formsache, oder als Ritual ohne Leben zu beschreiben. Und in diesem Sinne benutze ich es.

„Freue dich, du Unfruchtbare, die nie gebar! Freue dich, jauchze und jubele, auch wenn du nie in Wehen lagst. Denn die allein stehende Frau, die keine Kinder bekommen konnte, hat jetzt mehr Kinder als die, die verheiratet ist", spricht der Herr. (Jesaja 54,1)

Was für eine Verheißung! In diesem Kapitel finden wir eine unfruchtbare Frau, die dazu angehalten wird, vor Freude zu jubeln, noch bevor sie schwanger wird. Das Endergebnis ist, dass sie mehr Kinder haben wird als diejenige, die schon immer Kinder bekommen konnte. Das bietet ein starkes prophetisches Bild. Menschen der Anbetung werden auf unergründlichen Wegen fruchtbar, unabhängig von den Umständen.

Jeder kann glücklich werden, wenn er ein Wunder erlebt hat. Doch zeigen Sie mir jemanden, der schon feiert, bevor er die Antwort bekommt und ich zeige Ihnen jemanden, der bald seine Antwort bekommen wird. Das ist das Wesen des Glaubens: Er schaut voraus und lebt dementsprechend.

Erneuert zu einem Zweck

Vielleicht wäre es angebracht, in diesem Zusammenhang den Abschnitt aus 1. Mose 1,28 nochmal anzubringen, da Anbeter wirklich fruchtbar sind, sich mehren, die Erde bevölkern und sie in Besitz nehmen. Ist dieses Beispiel von Michal und der Frau aus Jesaja 54 wirklich so bedeutend? Ich glaube schon. Durch das Haus Davids sind wir mit unserer ursprünglichen Aufgabe als Anbeter verbunden. Wir sollen Träger Seiner Herrlichkeit sein und an den verschlossenen Orten Fruchtbarkeit in den Leben derer wiederherstellen, die unter der Hand des Feindes gelitten haben. Der Teufel kam um zu „rauben, morden und zerstören" (Johannes 10,10). Jesus kam, um den Teufel zu besiegen, seine Werke zu entlarven und ihre Auswirkungen abzuwenden. Er kam um Leben zu geben. Wir haben diesen privilegierten Auftrag geerbt, den Sieg Christi auf die gleiche Weise durchzusetzen. Anbeter tun das ganz natürlich.

Das Neue war im Alten

Manchmal lesen wir Geschichten im Alten Testament und nehmen sie einfach so an, ohne zu realisieren, wie dramatisch und revolutionär sie eigentlich sind. Das ist der Fall bei David und seinem Gotteshaus.

Das Gesetz galt, bis Jesus ein sündloses Leben lebte, litt, an unserer Stelle starb, und die Forderung oder den Preis bezahlte, den das Gesetz für die Sünde verlangte.

Im Alten Bund konnte der Priester nur durch ein Blutopfer in Gottes Gegenwart eintreten. Und dann konnte nur der Hohepriester an einem Tag im Jahr, dem Tag der Versöhnung, ins Allerheiligste kommen. Das Allerheiligste war der innere Raum, in dem die manifeste Gegenwart Gottes war. Das einzige Licht war die herrliche Gegenwart Gottes. Hier wurde die Bundeslade aufbewahrt.

Als David König wurde, spürte er, dass Gott etwas Anderes haben wollte, Priester, die die Lob und Dankopfer durch ein hingegebenes und zerbrochenes Herz bringen. Er setzte das um, obwohl das Gesetz, unter dem er lebte, es verbot. Das Opfer wurde sowohl mit Musikinstrumenten als auch durch die Stimmen der Sänger gebracht. In diesem Kontext konnte jeder Priester täglich vor Gott kommen, ohne ein blutiges Opfer bringen zu müssen. Diese Anweisung des Lobpreises galt 24 Stunden am Tag, sieben Tage die Woche. Das sprach natürlich von dem Tag, an dem jeder Gläubige (ein Priester nach 1. Petrus 2,9) wegen dem, was Jesus an unserer Stelle vollbracht hat, mit Zuversicht zu Gott kommen kann. Darauf wird Bezug genommen, als Jakobus sagte, dass die Hütte Davids wieder Aufgebaut wird.

David war der Mann nach dem Herzen Gottes. Er hatte eine Wahrnehmung von Gott, die erst völlig erkannt wurde, als Jesus kam und Sein Blut für alle vergoss. Davids Erlebnis war ein prophetischer Vorgeschmack auf etwas, das noch kommen würde. Ich glaube, dass Davids Hunger nach Gott ihn dazu befähigte, diese Erfahrung in seine Zeit hinein zu holen, obwohl sie eigentlich für eine spätere Zeit bestimmt war.

Dieses Zelt oder Tabernakel, das David für die Lade baute, lag auf dem Berg Zion. Ich lebe im Norden Kaliforniens. Wenn wir von einem Berg sprechen, dann handelt es sich um einen bedeutenden Teil unserer Geografie. Der Mount Shasta ist eine Erhebung von über vier Kilometern. Der Berg Zion hingegen ist eine einfache Erderhöhung und liegt in der Stadt Jerusalem. Zion bedeutet „sonniger Platz“, weil dorthin die Sonne zuerst hinscheint. Was ihm an Höhe fehlte, machte er durch seine Bedeutung mehr als wett. Bedeutsamkeit ist immer wichtiger als Sichtbarkeit.

Einige der Aussagen über den Berg Zion sind ziemlich erstaunlich.

„Schön erhebt sich der Berg Zion, die ganze Erde freut sich an seinem Anblick! Der Berg Zion ist der heilige Berg, dort steht die Stadt des großen Königs!" (Psalm 48,3) Der Berg Zion soll die Freude der ganzen Welt sein.

„Vom Berg Zion, dem Inbegriff der Schönheit, scheint Gott in strahlendem Glanz." (Psalm 50,2) Zion ist die pure Schönheit. Von dort aus strahlt Gott hervor.

„Der Herr liebt die Tore des Zion mehr als alle Wohnungen Jakobs." (Psalm 87,2; Elberfelder) Tore sind Ruhm (siehe Jesaja 60,18). Er wohnt im Lob. Und das Lob/die Tore Zions sind Sein liebster Wohnort.

„Du zerklüfteter Berg, warum blickst du mit Neid auf den Zion, den Gott sich als Seine Wohnung auserwählt hat, wo der Herr für immer wohnen will?" (Psalm 68,17)

Alle anderen Berge beneiden den Berg Zion. Gott hat beschlossen, dort zu wohnen. Und weil dort steht „für immer", kann es aufs Neue Testament übertragen werden. Es bezieht sich auf die anbetende Gemeinschaft auf dem Berg Zion. Nochmal: Was ihm an Höhe fehlt, macht er an Bedeutsamkeit locker wett.

Anbetung berührt die Nationen

Die Psalmen sind ein großartiges Buch der Anbetung. Die Lieder wurden geschrieben um Gott zu erheben. Doch in einigen dieser Psalmen geschah etwas Einzigartiges. Der Schreiber fing an zu proklamieren, dass die Nationen aufstehen werden um Gott die Ehre zu geben. Es wurden Anordnungen darüber gegeben, dass alle Nationen den einen wahren Gott anbeten sollen. Egal, wie das für Sie jetzt mit dem Plan Gottes für die Nationen zusammenpasst, die Anbeter verkünden es als erstes. Warum? Anbeter haben eine Position inne, in der sie Nationen in ihre Bestimmung rufen können, in ihre gottgegebene Vorsehung. Das ist das heilige Privileg derer, die anbeten. Unten angeführt stehen ein paar Verse, die sich diesem Gedanken widmen.

Die ganze Erde wird den Herrn anerkennen und zu Ihm zurückkehren. Die Menschen aller Völker werden sich vor Ihm verneigen. (Psalm 22,28)

Die Völker werden sich freuen und vor Freude jubeln, weil Du sie gerecht richtest und alle Völker auf der Erde regierst. (Psalm 67,5)

Der Name des Königs soll für immer bestehen, soll bleiben, solange die Sonne scheint. Durch Ihn sollen alle Völker gesegnet sein, und alle sollen Ihn loben. (Psalm 72,17)

Herr, alle Völker, die Du gemacht hast, werden kommen und Dich anbeten und Deinen Namen preisen. (Psalm 86,9)

Lobt den Herrn, all ihr Völker. Lobt Ihn, alle Menschen auf Erden. (Psalm 117,1)

Eine Endzeit-Überraschung

Es gibt eine Prophezeiung, die sowohl von Jesaja als auch von Micha verkündet wurde, die schon seit vielen Jahren zu meinem Herzen gesprochen hat. Sie handelt von dem Berg von Gottes Haus, womit nur der Berg Zion gemeint sein kann. Das wird in der Endzeit prophetisch erfüllt werden. Ich glaube, dass es sich darauf bezieht, dass das Tabernakel Davids wieder aufgebaut wird. Neutestamentliche Gläubige aus allen Nationen werden zu einem Unternehmen von Leuten vernetzt, die Anbeter genannt werden.

> *In den letzten Tagen wird der Berg, auf dem das Haus des Herrn steht, zum wichtigsten Gipfel werden und sich über alle anderen Berge erheben. Alle Völker werden zu ihm strömen. (Jesaja 2,2; siehe Micha 4,1)*

Schauen Sie sich die Auswirkungen an, wenn dieses Haus zum wichtigsten aller Berge ernannt wird. Der Wichtigste bedeutet das Oberhaupt. Diese Regierung wird das Oberhaupt aller Regierungen sein. Als Ergebnis davon werden alle Nationen zu ihm strömen und nach dem Wort des Herrn fragen. Ich glaube, dass sich das auf die massive Ernte bezieht, die stattfinden wird, bevor das Ende kommt. Sie wird von Anbetern eingeleitet werden. Das ist der Wiederaufbau des Hauses Davids. Anbetung beeinflusst das Schicksal der Nationen.

8

ERWECKUNG DURCH DIE WORTE JESU

Jesus Christus ist die perfekte Theologie. Wenn Sie meinen, etwas über Gott zu wissen, das Sie nicht in der Person Jesus wiederfinden, haben Sie das Recht, es anzuzweifeln. Er ist der Standard – der einzige Standard, der uns gegeben wurde, dem wir folgen können.

So einfach dieser Gedanke auch sein mag, es erstaunt mich immer wieder, wie viele Leute versuchen, das Beispiel, das Jesus uns gegeben hat, zu verbessern und einen neuen Maßstab zu setzen, einen, der relevanter ist. Es scheint in dieser Hinsicht zwei Extreme zu geben. Das eine Extrem ist der alttestamentliche prophetische Dienst, dessen Sicht von Gott und den Menschen für die damalige Zeit zutreffend war, doch im Hinblick auf die Zeit, in der wir leben, sehr unzureichend ist. Es fehlt ein entscheidender Bestandteil: Jesus, der Versöhner. Er erfüllte die Forderungen des Gesetzes und machte Versöhnung mit Gott möglich. Er erlaubte Jakobus und Johannes nicht, unter dieser Salbung zu dienen, als sie Ihn um Seine Erlaubnis baten (siehe Lukas 9,54). Diese Zeit ist vorbei (siehe Lukas 16,16)! Und dann gibt es auf der anderen Seite diejenigen, die sich stark darum bemühen, mit dem Evangelium niemandem zu nahe zu treten. Ganz ehrlich: Das scheint kein Wert zu sein, den Jesus vertreten hat. Im Grunde genommen ist das ja gut in dem Sinne, dass sie alle in die Familie mit einbeziehen wollen. Doch wenn wir Jesu Botschaft verwässern und Leute sich bekehren; wozu bekehren sie sich dann? Wenn sie nicht das gleiche Evangelium gehört haben, dass wir alles an Jesus übergeben müssen - wessen Botschaft haben sie dann gehört? Glauben wir ernsthaft, dass die Leute, die zu Jesu Zeit schon nicht dazu bereit waren, alles zu verkaufen, sich in unserer Zeit eher bekehren würden?

Seit Jahrtausenden hat es in der Kirche eine Spannung zwischen zwei gegensätzlichen Herausforderungen gegeben. Zum Einen gilt es, die Maßstäbe Jesu aufrechtzuerhalten, ohne dabei Rückschritte zu machen. Viele wünschen sich so sehr die Religion herbei, wie sie früher einmal war, dass sie versuchen an einer Zeit festzuhalten, die es im Herzen Gottes gar nicht mehr gibt. Die andere Herausforderung ist es, in der heutigen Kultur relevant zu bleiben. Diese Herausforderung ist schwierig, weil viele die Verankerung im einfachen Evangelium aufgeben um zeitgemäß zu sein. Aber Jesus ist immer zeitgemäß, aktuell und relevant, mehr als irgendetwas anderes. Der Vater, Sohn und Heilige Geist sind zeitlos. Sie sind Relevanz vom Feinsten.

Viele Bibelschulen und Seminare stellen das Lehren über das Tun. Griechisch und Hebräisch sind wichtig, aber nicht wichtiger als zu lernen, Seine Stimme zu erkennen und jemandem das Wunder der Heilung zuteilwerden zu lassen. Leiterschaftskurse sind wichtig, aber nicht wichtiger als die Fähigkeit, jemanden zu Christus oder in die Freiheit zu führen. Umgang mit Finanzen ist ein großer Schwerpunkt und das sollte es auch sein, wenn man bedenkt, wie viel Versagen es auf diesem Gebiet gibt. Doch Jesus lehrte uns über die Wichtigkeit, genauso wie unser Geld, auch unsere Zunge und unsere Familie handhaben zu können. Es ist nur schwierig, das zu unterrichten, wenn der Professor selbst darin keine Erfahrung hat. Und hier liegt das Problem. Leute mit Theorien erziehen eine Generation, die sich mit Theorien zufrieden gibt. Viele verpassen eine göttliche Begegnung, weil sie sich stattdessen mit guter Theologie zufrieden geben. Eines sollte uns zum anderen führen.

Es werden massive Bemühungen angestellt, Kirche in moderner, zeitgemäßer Form zu gestalten. Damit könnten wir uns unser Leben lang beschäftigen. Scheinbar haben viele jedoch noch nicht erkannt, dass wir außerhalb von Christus eigentlich gar kein Leben haben.

Wir können eine der besten unter den vielen guten Bibelschulen in unserem Land besuchen und viele Kurse über Bibelstudium, Leiterschaft, Musik, Administration und den Dialog mit anderen Religionen belegen. Diese Kurse haben ihre Berechtigung. Und ich betrachte hier jetzt nur die Schulen, die wirklich bibeltreue Predigerschulen mit wiedergeborenen Lehrern sind. Sehen Sie sich die Kurse doch an. Wie viele lehren darüber, wie man die Kranken heilt und Tote auferweckt? Wie viele haben Lektionen über Gebet und Fasten, Dämonenaustreibung oder Fürbitte für die Nationen? Die Kurse, die unterrichtet werden, sind gut und wertvoll. Aber können sie wichtiger sein als das, was Jesus uns befohlen hat zu lernen und zu tun? Vielleicht ist der Grund, warum diese Dinge nicht gelehrt werden, dass diejenigen, die den Unterricht machen, nicht wissen wie. Diese Dinge können nicht rein vom Kopf her gelehrt werden. Es sind keine Konzepte. Eine Wahrheit, die sich nicht mit der Erfahrung deckt, ist von Natur aus umstritten. Eine Wahrheit, die auch erlebt wurde, ist ganzheitlich. Das rechnet die Vielzahl von Schulen nicht mit ein. Sie stellen heutzutage alles in Frage, von der Jungfrauengeburt bis hin zu den Wundern Jesu. Diese Schulen sind eine Abscheulichkeit! Einer der dümmsten Gedanken, der einer Person je in den Sinn kommen kann, ist der, dass Gott heute nicht mehr relevant ist. Die Gemeinde mag ihre Relevanz verlieren, aber Gott niemals.

Wir sind nie deshalb relevant, weil wir die Kultur der Welt um uns herum widerspiegeln. Wir sind relevant, wenn wir zu dem geworden sind, wonach sich die Welt sehnt. Vielen ist der Gedanke so geläufig, dass das Evangelium immer abgelehnt werden wird und nur wenige von uns es bis ans Ende schaffen. Ich glaube, dass das ein Irrtum ist. Jesus ist das, wonach sich die Nationen sehnen. Wenn wir als Sein Volk Ihn gut vertreten, werden die Leute das finden, wonach sie suchen, wenn wir ihnen nur die Anliegen ihres Herzens verdeutlichen. Wir sind Sein Leib auf dieser Erde, der einzige Jesus, den viele jemals sehen werden. Wir müssen Ihn korrekt repräsentieren.

Jesu Worte

Kürzlich hörte ich eine großartige Botschaft von einem Freund, Lou Engle. Er leitet eine der wichtigsten Gebetsbewegungen der Geschichte. Er predigte meisterhaft über die Bergpredigt in Matthäus 5-7. Lou behauptete, dass unser Leben nach dem Muster von Jesu Worten, Jesu Leben, Jesu Dienst, Jesu Beispiel und Jesu Auftrag gestaltet werden müsse. Es gibt keinen Plan B im Reich Gottes. Gott ist sich Seiner Fähigkeit ziemlich sicher, Plan A gut hinzubekommen.

Ich bin noch verblüffter über die Dinge, die Jesus nicht gesagt hat, als über die Dinge, die Er gelehrt hat und die mich aufs Äußerste herausfordern. Er transportierte die Person des Heiligen Geistes in die Welt hinein. Er zeigte einen Lebensstil, der zwar erreichbar ist, nach dem man sich aber ausstrecken muss. Er kommt uns nicht einfach zugeflogen. Vieles von dem, was wir im Leben brauchen, wird uns gegeben. Doch das meiste, das wir haben wollen, müssen wir uns selbst holen. Genauso ist es im Reich Gottes.

In meinen ersten Dienstjahren lehrte ich viel aus dem Alten Testament. Ich meine damit nicht, dass ich das Gesetz des Mose gepredigt habe. Ich liebte einfach die Geschichten und lernte, sie auf das Neue Testament zu übertragen.

Das waren wichtige Jahre, Jahre, die ich gegen nichts eintauschen würde. Doch in den noch nicht lange zurückliegenden Jahren ist etwas mit mir passiert, das ich auch gegen nichts eintauschen würde. Jesus ist für mich auf eine Weise lebendig geworden, wie ich es zuvor noch nie verstanden habe. Sein Beispiel ist die Inspiration für dieses Buch. Wenn ich mir ansehe, wie Er gelebt hat, werde ich neidisch – Er trug erfolgreich die „Taube, die auf Ihm blieb".

Persönlicher Neid

Seit ich entdeckt habe, dass Jesus Sein Leben auf eine Weise gelebt hat, die wir Ihm nachmachen können, bin ich neidisch geworden wegen vieler Dinge, die für Ihn so natürlich waren. Mein Herz brennt vor Lust auf etwas, das Jesus in sich trug und das uns zur Verfügung steht. Es ist umsonst, aber nicht billig. Bitte fühlen Sie sich nicht auf den Schlips getreten, weil ich in diesem Kontext das Wort „Lust" verwende. Es ist genau dieser Gedanke, den Paulus auch verfolgte, als er uns darüber lehrte, dass wir uns ernsthaft nach geistlichen Gaben ausstrecken sollen. Es ist selbstverständlich nichts Sexuelles, aber es beinhaltet ein inneres Brennen. Dieser Ausdruck bedeutet, etwas lustvoll zu verfolgen. Das liegt weit über einer beiläufigen gedanklichen Zustimmung oder einem Konzept. Es ist ein vom Wind angefachtes Feuer in unserem Inneren.

Stellen Sie sich diese wohlbekannte Geschichte in Jesu Leben vor: Die Straßen sind gefüllt von Menschen, die mehr wollen. Manche sind wirklich auf der Suche nach Gott, andere wollen nur nah an den Mann herankommen, der für wunderbare Dinge berühmt geworden ist. Er hat die Toten auferweckt, die Kranken geheilt und ist zum einzigen Gesprächsthema einer ganzen Stadt geworden. Die Leute folgten Jesus überall und nirgendwo hin. Als dieser Pulk von Menschen die Straße entlang geht, wittert eine sehr verzweifelte Frau ihre Chance auf ein Wunder. Sie hatte ihr Leiden viele Jahre lang ohne Hoffnung auf eine Besserung mit sich herumgetragen. Sie drängt sich durch die Menge hindurch, bis Jesus in Reichweite ist. Doch sie schämt sich viel zu sehr, um mit Ihm zu reden oder auch nur Seine Aufmerksamkeit auf sich zu ziehen. Sie streckt sich einfach nur aus, um den Saum Seiner Kleidung zu berühren.

Inmitten der dicht gedrängten Menge befand sich eine Frau, die seit zwölf Jahren an Blutungen litt. Sie hatte ihr ganzes Vermögen für Ärzte ausgegeben und war dennoch nicht geheilt worden. Nun näherte sie sich Jesus von hinten und berührte den Saum Seines Gewandes. Augenblicklich hörte die Blutung auf. *„Wer hat mich berührt?"*, fragte Jesus. Alle stritten ab, Ihn berührt zu haben, und Petrus meinte: *„Meister, hier sind doch so viele Menschen!"* Doch Jesus sagte: *„Nein, jemand hat mich absichtlich berührt. Ich habe gespürt, dass eine heilende Kraft von mir ausging."* Als die Frau sah, dass Jesus etwas gemerkt hatte, warf sie sich zitternd vor Angst vor Ihm auf die Knie. Alle hörten zu, als sie erklärte, warum sie Ihn berührt hatte und dass sie augenblicklich gesund geworden war. *„Tochter"*, sagte Jesus zu ihr, *„dein Glaube hat dich gesund gemacht. Geh in Frieden." (Lukas 8,43-48)*

Es ist wichtig zu verstehen, dass Vollmacht im Reich Gottes in Form einer Person kommt. Es ist keine separate

Einheit, die von Gott selbst abgetrennt ist. Jesus merkte, dass Salbung, die Person des Heiligen Geistes, auf die Forderung des Glaubens einer anderen Person hin von Ihm ausging. Das ist wirklich erstaunlich.

Es ist eine Sache, sich der Gegenwart Gottes im Lobpreis bewusst zu werden, und eine ziemlich andere, zu realisieren, wenn der Heilige Geist beim Dienen von uns ausgeht. Gelegentlich habe ich gespürt, wie die Salbung des Heiligen Geistes durch meine Hände floss, wenn ich für Kranke gebetet habe. Das ist so ermutigend. Doch wir begeben uns auf eine völlig neue Ebene des Bewusstseins des Heiligen Geistes auf uns, wenn wir es bemerken, wenn der Glaube eines Anderen etwas fordert, was wir haben. Man könnte sagen, dass sie eine Abbuchung von Jesu Konto getätigt hat. Wie sehr müssen wir uns der Person des Heiligen Geistes bewusst sein, um zu spüren, wenn eine solche Kraftfreisetzung von uns ausgeht? Fügen Sie dieser Gleichung noch hinzu, dass Jesus ging und mit anderen redete, als das passierte. Auf mich wirkt das erstaunlich. Er ist sich der Gegenwart bewusst, selbst wenn Er mit anderen redet oder sich ihre Kommentare und Fragen anhört. Darauf bin ich am meisten neidisch.

Es wurde etwas von dem abgebucht, der den Heiligen Geist ohne jede Einschränkung bekommen hatte. Die Salbung kann nicht aufgebraucht werden. Er entdeckte also nicht einen Mangel an Salbung. Er erkannte, dass der Heilige Geist sich bewegte, der Heilige Geist wurde in Ihm angezapft. Das begeistert mich unbeschreiblich!

Eine Taube auf den Schultern

Eine meiner Lieblingsgeschichten in der Bibel ist die von der Taufe Jesu. Wir haben sie schon teilweise betrachtet. Doch es gibt einen weiteren Teil der Geschichte, der für dieses Buch zentral ist. Er steht im Johannesevangelium.

Johannes bezeugte, indem er sagte:

Er sagt, was Er gesehen und gehört hat, doch niemand glaubt, was Er ihnen sagt! Wer Ihm glaubt, bestätigt damit, dass Gott wahrhaftig ist. Denn Er ist von Gott gesandt. Und Er spricht Gottes Worte, denn Gott gibt Ihm Seinen Geist ohne jede Einschränkung. (Johannes 3,32-34)

Jesus bereitet den Weg für eine völlig neue Zeit. Die Propheten des Alten Testaments lebten diese Möglichkeit schon wunderbar vor, besonders wenn man es für den Rahmen ihrer Zeit betrachtet. Sie zeigten, welchen Einfluss es hat, wenn die Gegenwart Gottes für eine bestimmte Aufgabe auf eine Person kommt. Doch Jesus offenbarte dies als einen Lebensstil. Der Heilige Geist blieb auf Ihm.

Ich verstehe, dass wir nicht auf der Basis von Gefühlen leben sollen. Gefühle sind wunderbar, aber sie sind kein zuverlässiger Hinweis auf Gottes Gegenwart und Sein Handeln. Doch es gibt ein Gefühl, das über Emotionen hinaus geht und das offen gesagt auch unabhängig von unserem emotionalen Zustand funktioniert. Es ist die Stimmung des Heiligen Geistes persönlich, mit der wir so in Einklang kommen können, dass wir uns so bewegen, wie Er sich bewegt.

Wir wissen, dass der Heilige Geist in uns lebt, wenn wir wiedergeborene Christen sind. Diese Realität wird von dem genialen Versprechen begleitet, dass Er uns niemals verlassen wird. Was für ein Versprechen! Was für ein Trost! Doch die traurige Realität ist, dass der Heilige Geist nicht auf jedem Gläubigen ruht. Er ist in mir um meinetwillen, doch Er ist auf mir um Ihretwillen. Wenn der Heilige Geist vorbehaltlos auf einer Person ruht, dann deshalb, weil Er auf die ehrenvollste Weise dort willkommen geheißen wurde.

Ich frage die Leute oft, was sie machen würden, wenn eine richtige Taube auf ihren Schultern landen würde. Wie würden sie sich im Raum bewegen oder auch ihren Tag gestalten, wenn sie nicht wollten, dass die Taube davonfliegt? Die geläufigste Antwort heißt: vorsichtig. Es ist eine gute Antwort. Doch das ist nicht genug. Es ist so: Jeder Schritt muss mit dem Bewusstsein gemacht werden, dass die Taube da ist. Ich glaube, dass das der Schlüssel dazu ist, dass der Geist bleibt. Er ist der einzige und größte Bezugspunkt, nicht nur, wenn es um Wegweisung und Vollmacht im Dienst geht, sondern auch für das Leben als solches. Wir wurden dazu ausgewählt, die Gegenwart Gottes zu tragen. Erstaunlich!

Die Beziehung verwalten

Ich kann mich daran erinnern, wie ich als junger Mann hörte, als jemand darüber sprach, vom Heiligen Geist erfüllt zu sein. Da ich starke pfingstlerische Wurzeln habe, war mir dieses Thema an sich nicht neu. Doch was ich an diesem Tag hörte, das war neu. Der Mann Gottes sprach einfach von zwei Versen, von denen sich keiner auf die Geistestaufe bezieht. Es liegt mir nicht so sehr am Herzen, hier eine Doktrin aufzustellen, sondern vielmehr eine Aussage über Beziehung zu machen. Diese beiden Verse sind Richtlinien.

Achtet darauf, den Heiligen Geist nicht durch euer Verhalten zu betrüben. (Epheser 4,30)

Unterdrückt den Heiligen Geist nicht. (1. Thessalonicher 5,19)

Diese einfache Einsicht lenkte meinen Fokus weg von der Ausdrucksweise des Geistes (Gaben usw.) und hin auf das, was der Heilige Geist wegen mir fühlt. Und je mehr ich mit dem Heiligen Geist gehe, desto mehr verlagern sich meine Prioritäten darauf, etwas zu dieser Beziehung beizutragen. Das eröffnet neue Räume im Wandel mit Gott, die ich zuvor nicht bedacht hatte.

Den Heiligen Geist nicht zu *betrüben* ist ein Befehl, der sich um das Problem der Sünde dreht, Sünde in Gedanken, in unserer Einstellung oder in unserem Handeln. „Betrüben" bedeutet, jemandem Sorge oder Not zu bereiten. Es beschreibt den Schmerz, den das Herz des Heiligen Geistes wegen etwas spüren kann, das wir in unserem Leben tun oder zulassen. Es dreht sich um den Charakter. Diese Grenze muss von allen beachtet werden, die daran interessiert sind, Seine Gegenwart mit mehr Vollmacht zu bewahren.

Den Heiligen Geist nicht zu *unterdrücken* zielt auf den Aspekt der Zusammenarbeit in unserer Beziehung ab. Das Wort „unterdrücken" bedeutet, den Fluss von etwas zu stoppen. In der Originalsprache wird es als auslöschen oder ausmachen definiert. Dieses Wort verwendet geistreich zwei Metaphern, um die Verbindung zu Gott zu illustrieren. „Den Fluss stoppen" könnte man damit verdeutlichen, dass man einen Gartenschlauch in der Mitte abknickt, bis kein Wasser mehr aus ihm herauskommt. Und „auslöschen" stellt den Bereich der Leidenschaft in unserem Wandel mit Gott dar. Wenn wir unsere Leidenschaft verlieren, beeinträchtigt das immer unsere Fähigkeit, dem Heiligen Geist zu erlauben, durch uns zu fließen, um die Umstände um uns herum zu verändern. Dieser Vers dreht sich um die Vollmacht.

Ein gescheitertes Experiment?

Ich kann diejenigen nicht verstehen, die Sünde auf die leichte Schulter nehmen. Es ist besonders störend, wenn diese Personen scheinbar für einen kraftvollen Dienst begabt worden sind. Diese Realität führt dazu, dass manche die Geistesgaben prinzipiell ablehnen. Es scheint für sie Beweis genug zu sein, dass die Gaben nicht von Gott sein können, weil Gott niemals Leute gebrauchen würde, die in Sünde leben. Andere gehen ins andere Extrem und sind mit Gott beleidigt, weil Er es Leuten, die in Sünde leben, erlaubt, immer noch über ein gewisses Maß an Salbung zu verfügen. Ich gebe zu, das ist ein großes Geheimnis. Doch vielleicht hätten wir weniger Probleme damit, wenn wir verstehen würden, dass Gott immer Sein Wort ehrt, unabhängig vom betreffenden Gefäß, das Er benutzt. Sein Wort offenbart Seinen Charakter, nicht unseren. Und wenn wir nicht auf Sein Wort reagieren, bedeutet das, dass wir den Bund missachten, den Er geschlossen hat.

Allerdings hoffe ich wirklich, dass wir bald an einen Punkt kommen, an dem dieser Blödsinn aufhört, dass wir Sünde tolerieren. Um diesem Schwachpunkt im Leib Christi entgegenzuwirken, haben viele gelehrt, dass der Charakter wichtiger ist als die Vollmacht. Ich selbst habe das auch viele Jahre lang gelehrt. Wir haben verheerende Geschichten, um zu beweisen, dass wir Recht haben. Unsere Geschichten übersehen nur ein kleines Detail: Jesus lehrte und handelte nicht so. Als Jesus in Lukas 9 Seinen Jüngern Vollmacht und Autorität gab, folgten gleich darauf sogar einige ihrer größten Fettnäpfchen. Gleich nachdem die Jünger diese Gaben empfangen hatten, wiesen sie andere Nachfolger Jesu ab. Exklusivität hatte ihre Herzen vergiftet. Davor verbrachten sie eine beträchtliche Zeit damit, sich darüber zu streiten, wer besser als der andere war. Sie waren gerade vom Dienst in ihre Heimatstadt zurückgekehrt. Es leuchtet ein, dass ihr Erfolg im vollmächtigen Dienst jedem von ihnen den klaren Beweis dafür geliefert hat, dass sie Recht hatten: Sie waren die Größten! Jakobus und Johannes setzten dem Ganzen die Krone auf, sie wollten eine ganze Stadt von Samaritern umbringen, indem sie Feuer über sie fallen ließen. Sie erkannten nicht den Mordgeist - und das alles im Namen des Dienstes und der Unterscheidung. Alle diese großen Makel kamen zum Vorschein, nachdem Jesus ihnen in einem herrlichen Augenblick Vollmacht und Autorität anvertraut hatte. Ihr Charakter war wirklich mangelhaft. Der beste Teil dieses Geheimnisses ist, dass Er nach Kapitel 9, das wir vielleicht als gescheitertes Experiment bezeichnen würden, in Lukas 10 die gleiche Salbung über 70 anderen freisetzt. Er vertraute Menschen Vollmacht an, die alles andere als qualifiziert dazu waren, in einer besonderen Salbung zu gehen. Manchmal kann ein reifer Charakter nur im Schützengraben des Lebens geformt werden.

Zwei sind besser als einer

Es ist wahr, dass Vollmacht nicht wichtiger ist als Charakter. Aber es ist genauso wahr, dass Charakter nicht wichtiger ist als Vollmacht. Wenn wir diesen Fehler machen, dann werden die Gaben des Geistes Belohnungen und sind keine Geschenke mehr. Diese falsche Betonung hat sogar unsere Effektivität im Bereich der Geistesgaben beschädigt. Dieser Ansatz hat genauso viel Schaden auf dem Gebiet der übernatürlichen Gaben angerichtet, wie schlechter Charakter unser Zeugnis für die Welt zerstört hat. Beides ist grundlegend. Charakter und Vollmacht sind die beiden Beine, auf denen wir stehen, und sie sind gleich wichtig.

Auf jede begnadete Person ohne Charakter kommen viele Leute mit Charakter, die wenig Vollmacht haben. In den meisten Teilen der Welt war der Charakter der Fokus der Gemeinde in meiner Generation. Ein Lebensstil ohne Vollmacht ist als normal angesehen worden. Als Ergebnis davon bewirkten sie wenig in der Welt um sie herum. Wir müssen damit aufhören, den Maßstab unserer Realität anzupassen, nur damit wir in die akzeptierten Standards hineinpassen und Anerkennung bekommen. Wir müssen zu Jesus Christus zurückkommen. Er ist die perfekte Theologie und das größte Beispiel davon, wie die Gaben des Geistes im Zusammenhang mit der Frucht des Geistes am Wirken sind: Charakter und Vollmacht.

Es ist interessant festzustellen, dass die Gruppe von Leuten, die wenig Vollmacht hat, sehr viel mehr dazu tendiert, zu glauben, dass die Gemeinde vor der Endzeit immer schwächer wird. Sie ist anfällig für eine Sicht auf die Endzeit, in der nur sehr wenige bis zum Ende durchhalten werden. Diese Perspektive scheint ihre Kraftlosigkeit zu rechtfertigen und ihr eine Bestimmung zu geben. Das ist lächerlich!

Andererseits sehen die, die mit Vollmacht vorangehen, den hoffnungslosen Zustand der Welt. Aber sie sehen auch, wie offen die Welt gegenüber Gott ist, wenn die unlösbaren Probleme ihres Lebens sich durch unsere Lippen dem Namen Jesu beugen. Wenn die Gemeinde erkennt, wer sie ist, will sie nicht mehr gerettet werden. Es gibt einen großen Unterschied zwischen „vor dem großen, schlimmen Teufel gerettet" und „für eine Hochzeit nach oben geholt" zu werden. Und nur eines davon ist für einen gläubigen Christen akzeptabel.

Wir können unseren Fokus beibehalten, wenn wir das Herz Gottes achten. Das war König Davids Stärke.

Zum goldenen Maßstab zurückkehren

Das Geheimnis von Jesu Dienst ist die Beziehung, die Er mit Seinem Vater hatte. Sein vorrangiger Auftrag war es, Ihn zu offenbaren, indem Er Sein Wesen und Seinen Willen darstellte. Jesus ist der Wille Gottes. Dabei machte Er erstaunliche Aussagen wie: *„Der Sohn kann nichts aus sich heraus tun. Er tut nur, was Er den Vater tun sieht. Was immer der Vater tut, das tut auch der Sohn."* *(Johannes 5,19)* Oder: *„Aber ich sage der Welt nur das, was ich von dem gehört habe,* *der mich gesandt hat.“ (Johannes 8,26)* Jesus setzte den Himmel auf Kollisionskurs mit dem verwaisten Planeten Erde. Seine Abhängigkeit vom Vater brachte die Realität Seiner Welt in dieser Welt zutage. Deshalb konnte Er sagen: *„Das Reich Gottes ist herbeigekommen!“*

Alle Taten Jesu waren ein Ausdruck Seines Vaters, den die ganze Menschheit sehen sollte. Zuvor sah die ganze Menschheit die verheerende Natur der Sünde und die Folgen solchen Handelns. Doch Jesus kam und stellte das eine fehlende Element – den Vater – zur Verfügung. Der Schreiber des Hebräerbriefes sagte von Jesus: *„Der Sohn spiegelt die Herrlichkeit Gottes wider, und alles an Ihm ist ein Ausdruck des Wesens Gottes.“ (Hebräer 1,3)* Sein Leben ist die vollständigste und genauste Offenbarung des Vaters, die die Welt je gesehen hat. Jesus sagte: *„Wer mich gesehen hat, hat den Vater gesehen!“ (Johannes 14,9)* Das ist immer noch so. Es liegt diesem perfekten Vater am Herzen, der Menschheit Leben zu bringen (siehe Johannes 10,10) und alle Werke des Zerstörers zu zerstören (siehe 1. Johannes 3,8). Der Heilige Geist ist derjenige, der das Herz des Vaters in uns und durch uns offenbart (siehe Johannes 16,12-15).

Die Angelegenheit des Vaters

Manche Dinge, die für Jesus praktisch waren, sind für uns so abstrakt geworden. Das sollte nicht so sein. Nur das zu tun, was der Vater tut, ist einer der wichtigen Bereiche des Lebens, der von der Tendenz gelähmt wurde, dass wir ganz natürliche Dinge übermäßig vergeistlichen. Die folgenden Punkte sind einige der Arten, wie ich angefangen habe zu erleben und zu verstehen, wie wir wissen können, was der Vater tut. (Vielleicht sollte auf unseren Armbändern nicht mehr WWJD – What would Jesus do? - stehen, sondern WIFD – What is Father doing?)

Es besteht wenig Zweifel darüber, dass Jesus direkt vom Vater gehört hat, was Jesus in einer bestimmten Situation tun sollte. Meine persönliche Überzeugung ist, dass viele dieser Wegweisungen in den Nächten kamen, die Jesus vor den Tagen des Dienstes im Gebet verbracht hat. Aber es stimmt auch, dass der Heilige Geist, der ja ständig auf Ihm ruhte, Ihm im entsprechenden Moment offenbarte, was der Vater von Ihm wollte. Wenn wir die vielen Arten kennenlernen, wie Gott spricht, hilft uns das, mehr im Einklang mit dieser Möglichkeit zu sein.

Eine der ermutigenden Tatsachen, die Jesus aufzeigte, ist, dass Er nicht immer im Voraus zu wissen schien, was Er tun sollte. Oft bekam Er Seine Anweisung, indem Er den Glauben in einer Person sah. Für mich heißt das, dass ich manchmal Wegweisung bekommen kann, wenn ich sehe, wie eine andere Person in ihrem Herzen auf das reagiert, was der Heilige Geist gerade tut. Glaube kann in einer Person nur durch das Werk Gottes existieren. Es ist also einleuchtend, dass ich sehen kann, was der Vater tut, wenn ich den Glauben in anderen beobachte. Doch wenn ich mit dem Bereich des Glaubens in mir selbst nicht vertraut bin, wird es auch schwieriger sein, es bei anderen zu sehen. Der Zenturio ist ein gutes Beispiel dafür. Jesus war überwältigt von dem Glauben, den Er bei diesem Mann sah und antwortete auf seine Bitte damit, dass Er das Wort der Heilung für seinen Diener aussprach. Als Jesus das hörte, war Er tief beeindruckt. Er wandte sich an die Menge und sagte: *„Ich versichere euch: Einen solchen Glauben habe ich bis-*

her in ganz Israel noch nicht erlebt!" (Matthäus 8,10) Jesus setzte die Realität des Königreiches über diesem Mann gemäß seinem Glauben frei. *„Dann sagte Jesus zu dem römischen Offizier: ‚Geh wieder nach Hause. Was du geglaubt hast, ist eingetroffen.' Und der junge Diener wurde noch in derselben Stunde wieder gesund." (Matthäus 8,13)*

Unseren eigenen Glauben gebrauchen: Oft sind wir uns über den Willen Gottes in einer spezifischen Situation nicht im klaren. Die Anweisung des Vaters ist nicht immer deutlich für mich. In diesen Situationen ist es möglich, den Willen Gottes durch unseren eigenen Glauben herauszufinden, denn wir reagieren auf den geoffenbarten Willen Gottes in Seinem Wort. Manchmal machen wir den Fehler zu hoffen, dass Gott zu uns kommt und uns Dinge klar macht, wenn es eigentlich in unserer Verantwortung liegt, Glaube zu aktivieren und Ihm nachzugehen. Manche werden in ihrem Dienst durch ihre eigene Passivität gelähmt. Nochmals: Vieles von dem, was wir im Leben brauchen, wird uns gegeben werden, doch vieles, nach dem wir hungern, muss von uns verfolgt werden. Beständiger Glaube verfolgt den Willen Gottes, bis er ihn gefunden hat. Wir werden auf dem Gebiet der Wunder immer versagen, wenn wir nur auf das reagieren, was uns völlig klar geworden ist. Einige der größten Durchbrüche, die ich je gesehen habe, kamen, als wir auf einen vagen Eindruck reagierten, oder auf einen Gedanken darüber, was Gott vielleicht tun will. Unser eigener Glaube wird uns in die Entdeckung dessen hineinnehmen, was der Vater tut.

Das Ergebnis

Johannes der Täufer sah, wie die Taube auf Jesus kam und auf Ihm blieb. Es wird nicht berichtet, dass irgendjemand sonst die Taube gesehen hat. Und doch sahen alle das Ergebnis der Gegenwart der Taube: Sowohl in Reinheit als auch in Vollmacht wurde das Herz Gottes für diesen verwaisten Planeten offenbart.

So wie der Heilige Geist Jesus den Willen des Vaters offenbarte, so offenbart Er uns das Vaterherz. Und Seine Gegenwart und Vollmacht offenbaren den Vater durch uns. Seinen Willen zu offenbaren heißt, Ihn zu offenbaren. Jesus wurde die größte Offenbarung des Willens Gottes auf der Erde. Doch nicht nur durch das, was Er vollbrachte, sondern auch durch Sein unermüdliches und beständiges Bewahren der Taube.

Wenn wir der Gegenwart Gottes als unserer größten Freude und unserem größten Schatz einen Platz einräumen, dann ist das kein Trick, den wir anwenden um ein Wunder zu bekommen. Doch ohne Wunder kann der Vater nicht hinreichend repräsentiert werden. Sie sind grundlegend, wenn es darum geht, Sein Wesen zu enthüllen.

Wir machen die Unterscheidung zwischen dem Natürlichen und dem Übernatürlichen. Das sind die zwei Bereiche, in denen wir leben. Doch Gott hat nur einen Bereich: das Natürliche. Alles ist natürlich für Ihn.

9

Die Taube freilassen

Es ist schwer in Worte zu fassen, wie sehr mich die Geschichte bewegt, als der Heilige Geist wie eine Taube auf Jesus ruhte – und auf Ihm blieb. In mir wird eine heilige Eifersucht geschürt, die Eifersucht, in der Realität zu leben, in der Jesus lebte. Ich habe durch Sein Beispiel gesehen, was möglich ist. Das hat mich dazu freigesetzt, nach dem zu hungern, von dem ich weiß, dass es in Reichweite liegt. Während der vielen vergangenen Jahre war das eine zunehmende Erfahrung, die jetzt immer noch weiter geht. Hunger siegt.

Jesus sagt uns nicht immer, was wir verfolgen sollen. Manche Dinge werden nur Teil unseres Lebens, weil wir die Wege Gottes sehen und ihnen dementsprechend nachgehen. Weiter vorne in diesem Buch habe ich diese Realität in einem anderen Zusammenhang schon diskutiert: Jesus hat den Leuten nicht beigebracht, dass sie Seine Kleidung anfassen müssen, um gesund zu werden. Sie beobachteten das Wesen Gottes, das durch Ihn wirkte und reagierten auf das, was sie durch dieses Beispiel als richtig erkannten. Wir können heute das gleiche Prinzip anwenden, um zu sehen, was Jesus ständig in sich trug und was eigentlich das Beispiel dafür ist, wie wir alle leben sollen.

Wir tun gut daran, Ihm gemäß Seiner Gebote nachzugehen. Aber eine Romanze ist keine Romanze mehr, wenn sie befohlen wurde. Manche Dinge müssen verfolgt werden, einfach nur, weil sie existieren. Mose konnte den Schrei seines Herzens in diesem einfachen Gebet zusammenfassen: *„Zeig mir doch, was Du vorhast, damit ich Dich besser verstehe." (2. Mose 33,13)* Wenn wir Seine Wege erkennen, ist das eine Einladung, zu Ihm zu kommen und Ihn auf die offenbarte Art kennenzulernen. Offenbarungen Seines Wesens sind Einladungen dazu, Ihn zu erleben. Wenn Er uns Sein Wesen durch das Wirken des Heiligen Geistes offenbart, gibt er uns dabei oft keine Anweisungen. Er wünscht sich stattdessen, zu entdecken, was wir eigentlich in unseren Herzen haben, denn es liegt in der Natur eines liebenden Herzens, immer zu reagieren, wenn sich ihm eine offene Tür zu einer Begegnung bietet.

Die Taube und die Jünger

Der Heilige Geist konnte erst in den Jüngern leben, als sie wiedergeboren waren, was wiederum erst dann passieren konnte, als Jesus gestorben und von den Toten auferstanden war. Doch obwohl der Geist Gottes nicht in den Zwölf war, so war Er doch bei ihnen.

> *Es ist der Heilige Geist, der in alle Wahrheit führt. Die Welt kann Ihn nicht empfangen, denn sie sucht Ihn nicht und erkennt Ihn nicht. Ihr aber kennt Ihn, weil Er bei euch bleibt und später in euch sein wird. (Johannes 14,17)*

Er sagte zu ihnen: „Ihr kennt Ihn". Das erstaunt mich, weil sie ja noch nicht wiedergeboren waren. Sie hatten also ein gewisses Maß an Beziehung mit dem Heiligen Geist, bevor sie wiedergeboren wurden.

Manchmal lernt man eine Person erst dann kennen, wenn man mit ihr zusammenarbeitet. Und das ist sicher das Umfeld, das Jesus für Seine Jünger geschaffen hat. Sie sollten mit dem Heiligen Geist eine Dienstbeziehung aufbauen, die sie später auf den erstaunlichsten Aufstieg vorbereiten sollte, den man sich nur vorstellen kann: Sie würden zu Gottes Wohnung auf der Erde werden.

Jesus war der perfekte Lehrer. Seine Zeit mit den Zwölf zusammen war aus vielen Gründen ausschlaggebend. Einer der Gründe ist, dass Er ihnen während dieser Zeit praktische Anweisungen für den Rest ihres Lebens gab. Sowohl durch Seine Anweisungen als auch durch Sein Beispiel zeigte Er ihnen, dass dieses wunderbare Abenteuer mit Gott, dem Heiligen Geist, Priorität hat. Aber mal ganz ehrlich: Ein Teil von Jesu Unterweisung erscheint mir extrem abstrakt und irgendwie schwer verständlich.

Manchmal erscheinen uns Lektionen unbrauchbar, weil die Atmosphäre, in der wir leben, anders ist als die, in der sie gelehrt wurden. Es ist zum Beispiel viel praktischer, wenn Jesus illustriert, wie man die Gegenwart der Taube bewahrt, wenn der Beweis dieser Gegenwart von den Jüngern über drei Jahre lang jeden Augenblick bezeugt werden kann. Wenn wir in einem Umfeld aufwachsen, in dem nicht viel von dieser Gegenwart sichtbar ist, können wir nicht immer das verstehen, was Jesus gelehrt hat. Die Atmosphäre, die von Seiner manifesten Gegenwart und Seinem Lebensstil geschaffen wird, trägt unglaublich zu einer gelehrten Lektion bei. Allerdings befinden wir uns in einer Zeit zunehmender Gegenwart und Vollmacht; alles verändert sich für uns. Und dafür bin ich dankbar. Als Folge davon werden uns einige der Dinge, die in der Schrift verborgen waren, jetzt offenbart, und wir können sie einordnen.

Ob Sie bereit sind oder nicht: Wir kommen!

Nachdem Jesus den 70 Jüngern einen Auftrag gegeben hatte, schickte Er sie immer zu zweit in ihre Heimatstädte. Interessanterweise fand Er, dass sie vollkommen darauf vorbereitet waren. Wenn wir ganz ehrlich sind, würden wir diese Gruppe von unqualifizierten Leuten in den meisten unserer Gemeinden nicht einmal als Ordner oder Parkplatzwächter einsetzen, und schon gar nicht um evangelistische Einsätze zu leiten. (Ich bin der Meinung, dass wir unsere Leute oft übertrainieren, bis sie zu geistlichen Muskelprotzen werden.) Er schickte sie hinaus und sagte:

> *Nehmt kein Geld mit, auch kein Gepäck, ja nicht einmal ein zweites Paar Sandalen. Und haltet euch unterwegs nicht auf, um jemanden zu grüßen. Wann immer ihr ein Haus betretet, segnet es. Wenn seine Bewohner*

des Segens würdig sind, wird er bei ihnen bleiben; wenn sie es nicht sind, wird der Segen zu euch zurückkehren. (Lukas 10,4-6)

Beachten Sie: Er schickte sie ganz ohne Vorräte weg. Kein Geld, keine Hotelbuchungen, keine gemieteten Hörsäle, nichts. Nur eine geografische Richtung und ein Anstoß. Eines der Dinge, die ich versucht habe für meine Kinder zu tun, ist, mich im Voraus um jedes möglicherweise auftretende Problem zu kümmern, damit sie erfolgreich sein würden. Das tat Jesus nicht. Er schickte sie absichtlich in etwas hinein, das ihren Verstand überstieg. Sie gerieten in Situationen, in denen sie aufeinander angewiesen waren (deshalb also zwei und zwei), und sie würden als Team die Wegweisung des Geistes Gottes herausfinden müssen. Das Ziel war nicht, dass sie zu Hause gewaltige Veranstaltungen hatten, obwohl das auch der Fall war. Das Ziel war, dass sie lernten, mit dem Heiligen Geist zusammenzuarbeiten, der bei ihnen war. Jesus war mehr daran interessiert, sie mit dem Vorgang vertraut zu machen, wie man Seine Gegenwart mit sich trägt, als am Erfolg der Veranstaltungen. Er stellte eine Gemeinschaft von Menschen auf, auf denen der Heilige Geist ruhen und bleiben konnte.

Viele der Lektionen, die wir lernen müssen, können wir nur lernen, indem wir anderen dienen. Das Endergebnis war, dass sie gewaltige Veranstaltungen in ihrer Heimat hatten, und dabei ist es dort am schwierigsten, im Dienst erfolgreich zu sein. Wie Jesus schon festgestellt hat: *„Wahrhaftig, kein Prophet gilt etwas in seiner Heimatstadt.“ (Lukas 4,24)* Es ist so wichtig zu lernen, zu Hause zu dienen, weil es einen großen Wert mit sich bringt, dort zu dienen, wo man keine Ehre dafür bekommt. Wir dürfen nicht vom Lob von Menschen abhängig werden. Wenn wir nicht von ihrem Lob leben, sterben wir auch nicht an ihrer Kritik. Doch das war nur möglich, wenn sie zunächst den Platz des Heiligen Geistes in ihrem Unterfangen kennenlernten.

Als zweites müssen wir beachten, was Jesus sagte, was sie tun sollten, wenn sie einen Ort gefunden hatten, an dem sie bleiben konnten. Sie sollten ihren Frieden auf diesen Haushalt kommen lassen. Ist das die bloße Anweisung, die Leute mit „Shalom" zu grüßen? Ich glaube kaum. Diese Lektion hätte man ihnen mit weitaus weniger Trara beibringen können. Ich persönlich glaube, dass sie diese Anweisung erst später in der Geschichte richtig verstanden haben. Aber egal, sie sollten also Frieden freisetzen, und ihn dann interessanterweise wieder zurücknehmen, wenn es dort niemanden gab, der seiner würdig war (siehe Matthäus 10,13). An der Stelle im Lukasevangelium hört es sich so an, wie wenn der Friede automatisch wieder zu ihnen zurückkommt.

Friede in Person

Die Welt stellt sich Friede als die Abwesenheit von etwas vor: eine Zeit ohne Krieg, eine Zeit ohne Lärm oder eine Zeit ohne Streit. Für einen Gläubigen ist der Friede eine Person, die Gegenwart von jemandem. Unsere Fähigkeit auf diesen Befehl Jesu zu reagieren, Friede auszuteilen, ist zentral für Seine Dienstanweisung an uns. Sie ist unmittelbar an unsere Fähigkeit gebunden, die Gegenwart des Heiligen Geistes wahrzunehmen. Es ist schwierig auch nur annähernd beständig etwas auszuteilen, dessen man sich gar nicht bewusst ist. Das Bewusstsein Seiner Gegenwart wird immer unseren Einfluss vergrößern, wenn es darum geht, auf die Welt um uns herum einzuwirken.

So vieles von dem, was wir tun, tun wir aufgrund von Prinzipien des Dienstes, anstatt aus Seiner Gegenwart heraus. Eines der Geheimnisse des Lebens ist, dass die wichtigste Aufgabe eines Christen die Verantwortung gegenüber einer Person ist: Seine beständige Gegenwart, der Heilige Geist, die Taube, die bleibt. Er ist eine Person, kein „es“. Wenn wir die Freude darüber, Gott zu kennen auf die Prinzipien beschränken, die zum Durchbruch führen, dann entwerten wir die Reise dorthin. Diejenigen, die Prinzipien über Seine Gegenwart stellen, trachten nach einem Königreich ohne König.

Jesus wird in der Schrift der Friedensfürst genannt. Der Heilige Geist ist der Geist Christi, der der Friede in Person ist. Und dieser Frieden, der eine Person ist, repräsentiert an sich die Atmosphäre des Himmels. Deshalb ist der Friede wie ein zweischneidiges Schwert: Er ist beruhigend und wunderbar für den Gläubigen, doch äußerst zerstörerisch für die Mächte der Finsternis. *„Der Gott des Friedens wird den Satan bald unter eure Füße zwingen und zertreten.“ (Römer 16,20)* Das ist eine ziemlich große Aufgabe, die Er Seinen Nachfolgern da gegeben hat: Wenn ihr in ein Haus kommt, setzt die Person des Friedens frei. Dadurch empfangen hingegebene Herzen die Gegenwart der Atmosphäre des Himmels, während ihr gleichzeitig die Mächte der Finsternis untergrabt, die in diesem

Haus am Werk sind. Denn diese Atmosphäre wird durch die Person des Heiligen Geistes ausgedrückt.

Wonach sich Gott sehnt

Für Gott sind Wunder genauso leicht wie das Atmen, es kostet Ihn keine Mühe. Weil der Geist des auferstandenen Christus in uns lebt, können wir Wunder erwarten. Doch darauf konzentrieren sich Seine Wünsche für uns nicht. Er will unser Herz. Es gibt viele Ausdrucksformen eines Herzens, das Ihm übergeben wurde, doch Er sucht nach denen, die Ihm vertrauen. Denken Sie daran: *Ohne Glauben ist es unmöglich Gott zu gefallen (siehe Hebräer 11,6).* Es geht ums Vertrauen.

Wenn wir Ihn richtig ehren wollen, müssen wir so leben, dass alles, was wir vorhaben, zum Scheitern verurteilt ist, wenn Gott nicht eingreift. Diese Art von Hingabe war das Wesen von Jesu Leben auf der Erde, und ist jetzt die Natur des gläubigen Christen. Mit dieser Aufgabe sind wir beauftragt worden. Er sagte: „Geht in eine Stadt. Findet eine Bleibe. Nehmt kein Geld mit. Nehmt nicht genügend Kleidung mit um euch über einen längeren Zeitraum versorgen zu können. Macht euch in eurer Hingabe an meine Sache so verletzlich, dass es nicht hinhaut, wenn ich nicht komme und euch versorge und leite."

Jesus hat Seinen Jüngern diesen Kontext gegeben, in dem sie als Schafe, die die Wölfe verschlingen wollen, sicher leben können. Man könnte meinen, dass man am unsichersten lebt, wenn man sich einem Risiko aussetzt und sich verletzbar macht. Doch dieses Königreich funktioniert anders. Genauso, wie wir erhöht werden, wenn wir uns selbst demütigen, und leben, indem wir sterben, sind wir in diesem Königreich am sichersten, wenn wir uns der Gefahr aussetzen, weil wir unser Ja zu Seinem Auftrag sagen. Die Front ist tatsächlich der sicherste Ort in der Schlacht. David verstand diese Wahrheit nicht, als er seinen größten Fehler beging.

> *Und dann passierte es im Frühling, in der Zeit, wenn Könige in die Schlacht ziehen. David blieb in Jerusalem. Als es Abend wurde, erhob sich David von seinem Bett und ging auf dem Dach des Königshauses umher. Vom Dach aus sah er eine Frau, die badet und die Frau hatte eine hübsche Erscheinung. Also schickte David jemanden um sich über die Frau zu erkundigen. Und einer sagte: „Ist das nicht Batseba, die Tochter Eliams, die Frau Urias, des Hetiters?" David schickte Boten und ließ sie holen; und als sie zu ihm kam, schlief er mit ihr. (siehe 2. Samuel 11,2-4)*

David verlor den Kampf gegen seine Augen, was die Tür dafür öffnete, dass er den Kampf um sein Herz verlor. Und alles deshalb, weil er nicht in der Schlacht war, für die er geboren wurde. Es war die Zeit, in der die Könige in die Schlacht zogen. In dieser Zeit wäre er im Krieg sicherer gewesen als auf seinem Dach.

Es wäre töricht zu glauben, dass die Gefahren des Dienstes an der Front nicht real sind. Doch wenn die manifeste Gegenwart Gottes in Ihrem Auftrag bei Ihnen ist, werden gefährliche Orte sicher. Und das Maß, in dem wir uns bewusst sind, dass wir Ihn brauchen, ist für gewöhnlich auch das Maß, in dem wir uns Seiner selbst bewusst werden. Es dreht sich wirklich alles um die Gegenwart. Es geht darum, Ihm eine Herberge zu bieten. Das haben die Siebzig entdeckt. Weder ihr Unwissen noch ihr Mangel an Erfahrung disqualifizierten sie. Sie wurden von dem Einen ausgesandt, der mit ihnen ging.

Wahre Versorgung

Meine Vorstellung von Versorgung unterscheidet sich ziemlich von Gottes Vorstellung. Ich würde sicherstellen, dass alle nötigen Vorkehrungen für die Reise getroffen wurden: die Kontakte, Treffpunkte, Finanzen und eine ausreichende Vorbereitung. Ich hätte auch ungefähr zehn Leute oder so in jede Stadt geschickt, damit sie dort effektiver dienen können. Ich bin immer wieder erstaunt darüber, wie anders Jesus doch denkt. Er schickte sie auf eine Reise, die vollkommen vorbereitet war, aber nicht auf die Weise, die für mich oft zählt. Sie war perfekt vorbereitet, weil Gott mit ihnen gehen würde. Zwei Personen würden genügen, sie würden vom Prinzip der Einheit profitieren, aber nicht den möglichen Konflikt erleben, dem die zwölf Spione zum Opfer fielen, die damals bei Mose das Land auskundschafteten. Zu viele unterschiedliche Meinungen untergraben schnell die Absichten Gottes. Zwei Spione brachten einen guten Bericht mit. Ich sage nicht, dass es das einzige Modell ist zu dienen, dass man zu zweit reist. Ich sage nur, dass Jesus sie auf eine Weise völlig vorbereitet aussendete, die wir nicht immer verstehen. Gott würde mit ihnen gehen in ihrem Auftrag, Frieden über ein Haus zu bringen, die Kranken zu heilen, die Toten aufzuwecken usw. Jesus stellte sicher, dass sie weiterhin auf den Heiligen Geist zentriert blieben. Sie waren auf die bestmögliche Weise vorbereitet. Sie sahen, wie Jesus es tat, und Er gab ihnen einen Auftrag, der von ihnen forderte, dass sie vom Heiligen Geist abhängig blieben.

Wie gesagt, ich hätte ihnen all die natürlichen Dinge gegeben, die sie brauchten. Jesus versorgte sie mit Seiner Führung und Gegenwart, wie man in der Kraft und Autorität sehen kann, die ihnen gegeben wurden. Was Er ihnen gab, gewährleistet auch die natürliche Versorgung, weil der Heilige Geist am Werk ist. Das ist das Konzept, das Jesus die Menge in Matthäus 6,33 lehrte: *„Wenn ihr für Ihn lebt und das Reich Gottes zu eurem wichtigsten Anliegen macht, wird Er euch jeden Tag geben, was ihr braucht.“* Sein Reich funktioniert ganz nach dem Prinzip: Das Wichtigste zuerst. Die Versorgung des Herrn beinhaltet nicht nur das Essen auf dem Tisch. Die übernatürliche Versorgung des Herrn ist göttlicher Schutz und Wirksamkeit in unserer Aufgabe. Darum geht es: Die Zügel der Kontrolle über mein Leben loszulassen um wirklich vom Heiligen Geist bevollmächtigt und geführt zu werden. Sein Auftrag lautete, zu gehen und zu lernen, wie der Heilige Geist wirkt. Gehen Sie und lernen Sie Seine Art kennen.

Noahs Prophetie

Es ist eine ziemlich überraschende Bibelstelle um Jesu Lehren für Seine Jünger wiederzufinden: die Geschichte von Noah und der Flut. Es gibt einen Teil in der Geschichte, der im Kontext des Alten Testaments zeigt, wozu Jesus Seine Jünger später ausbildete.

Nach 40 Tagen öffnete Noah das Fenster, das er in das Schiff eingebaut hatte. Er ließ einen Raben frei, der aber hin und her flog, bis die Erde trocken war. Dann ließ Noah eine Taube fliegen, um zu sehen, ob das Wasser inzwischen abgeflossen war. Aber die Taube fand keinen Platz, an dem sie sich niederlassen konnte, da das Wasser noch die ganze Erde bedeckte. Deshalb kehrte sie zum Schiff zurück. Noah streckte seine Hand aus und holte die Taube wieder zu sich in das Schiff. (1. Mose 8,6-9)

Ich möchte Sie daran erinnern, dass die Taube in der Schrift für den Heiligen Geist steht. Das wird besonders deutlich in der Geschichte von Jesu Taufe. Und hier, in der Geschichte von Noah, finden wir eine interessante Beschreibung von Noahs Bezug zur Taube. Es gibt kein anderes Tier, dem die gleiche Aufmerksamkeit zuteil wurde, oder das die gleiche Verbundenheit mit Noah hatte, wie diese Taube.

Die Taube wurde freigelassen, weil sie nach einem Rastplatz suchen sollte. Als sie keinen Platz fand, wo sie landen konnte, kehrte sie zu Noah und der Arche zurück. Das ist das Bild, das beschrieben wird, wenn der Heilige Geist durch die Jünger freigesetzt wird, wenn sie in ein Haus kommen. Die Schlussfolgerung ist, dass der Heilige Geist immer noch nach Orten sucht, wo Er sich niederlassen kann, und diese Orte sind Menschen. Als die Taube keinen Ort fand, wo sie landen konnte, kehrte sie zu Noah zurück, der sie ausgesendet hat. Beachten Sie nochmal Jesu Worte im Bezug auf die Freisetzung von Frieden in einem Haus. Wenn es dort niemanden gibt, der diese Gegenwart gut aufnimmt, *„wird der Segen zu euch zurückkehren" (Lukas 10,6).* Als die Taube keinen Rastplatz finden konnte, kam sie zurück. Noah streckte seine Hand aus und holte die Taube zu sich hinein. Es ist interessant, dass er die Taube von sich wegschickte und sie wieder zu sich zurückholte. Das ist ein alttestamentlicher Einblick in den Dienst im Neuen Testament.

> *Noah wartete eine Woche, bevor er die Taube erneut fliegen ließ. Diesmal kehrte der Vogel gegen Abend mit dem frischen Blatt eines Olivenbaums im Schnabel zu ihm zurück. Jetzt wusste Noah, dass das Wasser versickert war. (1. Mose 8,10-11)*

Die Taube wurde wieder freigelassen, doch sie kam zurück und lieferte Noah einen Fortschrittsbericht ab. Gott entwarf die Arche so, dass es darin keine Fenster gab, außer das eine Dachfenster, durch das die Taube freigelassen wurde. Noah sollte nur den Himmel beobachten und sich auf die Informationen verlassen, die er von der Taube bekam. Das Wasser versickerte in der Erde.

> *Er wartete eine weitere Woche, dann ließ er die Taube noch einmal fliegen. Dieses Mal kam sie nicht mehr zu ihm zurück. (1. Mose 8,12)*

Als er die Taube das nächste Mal fliegen ließ, kam sie nicht mehr zurück. Ich glaube, dass diese Lektion für die meisten unter uns sehr abstrakt ist, weil wir so wenig Unterweisung und Erfahrung im Erkennen der Gegenwart Gottes haben. In einer Situation im Dienst wüssten die meisten nicht, ob die Taube nun freigelassen wurde, und schon gar nicht, ob sie zurück kam. Es wäre wirklich stark, wenn man wüsste, dass der Heilige Geist, den wir freigesetzt haben, jetzt auf einem anderen ruht. Ich sage das nicht um irgendjemanden zu beschämen, sondern um Hunger auf das zu machen, was rechtmäßig unser Vorrecht und unsere Verantwortung ist. Wir sollten die Wege und die Gegenwart des Heiligen Geistes kennen, so dass wir auf eine Weise mit Ihm zusammenarbeiten können, die die Welt um uns herum verändert. Das ist wahrer Dienst.

Die Würdigen finden

Jesus gab den Siebzig die Anweisung, die zu finden, die würdig waren, dass sein Friede über sie gebracht wird. Die ganze Schrift lehrt uns, dass Gott nicht die äußere Erscheinung des Menschen ansieht. Er sieht das Herz. Das wurde bestätigt in der Geschichte, als der Prophet Samuel einen neuen König für Israel suchte. Er ließ alle Söhne Jesses vor sich bringen um sie zu mustern. Im Natürlichen hatte der Prophet den perfekten Kandidaten gefunden. Doch Gott sagte nein. Nachdem er sich alle angesehen hatte, fragte Samuel, ob es noch einen Sohn gab, der nicht da war. Sie bejahten es und gingen David holen, der die Schafe seines Vaters hütete. Gott sah sein Herz und sagte, dass er der Richtige war.

David wurde nicht gleich behandelt wie der Rest seiner Brüder. Sein eigener Vater, Jesse, betrachtete ihn nicht als mögliche Alternative um König zu werden. Ich bin mir nicht sicher, ob sie ihn einfach nur übersehen haben, oder ob da etwas anderes im Gange war. David sprach davon, dass er in Sünde empfangen wurde. *„Denn ich war ein Sünder - von dem Augenblick an, da meine Mutter mich empfing.“*

(Psalm 51,7) Es ist möglich, dass David das Kind einer weiteren Frau seines Vaters Jesse war, oder vielleicht sogar das Ergebnis einer Affäre, was ihn zum Halbbruder der anderen machen würde. Jedenfalls hätten weder sein Vater noch seine Brüder ihn jemals ausgewählt. Doch Gott sah sein Herz und wählte ihn dazu aus, der nächste König zu werden.

Wie kann man wissen, ob jemand würdig ist? Die aufrechten Bürger des Staates waren nicht immer Seine erste Wahl. Es waren sogar überwiegend die von Dämonen Besessenen, die Steuereintreiber, die Huren usw., die einer Berührung Gottes würdig erachtet wurden. Ich habe dieses Geheimnis jahrelang beobachtet und muss zugeben, dass Gottes Auswahl einer Person eines der wunderbarsten und unerklärlichsten Dinge ist. Gott sagte, dass Er das Volk Israel erwählt hat, weil es das Geringste von allen war. Das gilt auch für einzelne Menschen.

Bedenken Sie: Es ist offensichtlich, dass Jesus von Seinen Jüngern nicht erwartete, dass sie schon wussten, wer würdig war, wenn sie ein Haus betraten. Sonst hätte Er sie die Gegenwart des Heiligen Geistes nur weitergeben lassen, wenn sie die Würdigen gefunden haben. Mit anderen Worten: Sie hätten nicht die zusätzliche Anweisung gebraucht, den Segen wieder zurückzunehmen, wenn es einen natürlichen Hinweis dafür gegeben hätte, wer würdig ist. Sie konnten nur wissen, wer würdig ist, indem sie ihre Reaktion auf den Heiligen Geist sahen: Ruhte Er auf ihnen? Waren sie empfänglich für die Person des Heiligen Geistes oder nicht? Oder kam der Heilige Geist zum Absender zurück? Das machte den Wert aus: wie sie auf die Taube reagierten. Erstaunlich!

Große Sünder haben ihre Unschuld in so vielen Lebensbereichen verloren. Doch die meisten haben tief in ihrem Herzen noch eine Unschuld, was den Heiligen Geist selbst anbelangt. Für die meisten, die tief in Sünde verstrickt sind, ist dieses Gebiet des Herzens noch Neuland. Ich habe das so oft gesehen. Diejenigen, die am meisten korrupt, unmoralisch und betrügerisch sind, werden in nur einem Augenblick verändert, wenn der Heilige Geist auf sie kommt. Unter dem dicken Fell, das durch die Sünde entstanden war, gab es einen Ort tiefer Zärtlichkeit. Das ist eine Stelle, die niemand ohne die Hilfe des Heiligen Geistes sehen kann. Erstaunlicherweise sprachen ihre Herzen auf Gott an, als Er kam. Das sind diejenigen, auf die Jesus sich bezog, als Er sagte: *„Ich sage dir, ihre Sünden - und es sind viele - sind ihr vergeben; deshalb hat sie mir viel Liebe erwiesen. Ein Mensch jedoch, dem nur wenig vergeben wurde, zeigt nur wenig Liebe." (Lukas 7,47)* Und diese Antwort zeigt, dass sie der Taube würdig sind.

Umgekehrt bauen diejenigen, die den Dingen Gottes im Übermaß ausgesetzt waren, Ihm gegenüber oft einen Widerstand auf. Das geschieht oft, wenn jemand viel Lehre aus dem Wort hört, aber nie an den Punkt der völligen Übergabe gelangt. Das war das Problem bei den Pharisäern. Sie waren am besten dafür ausgebildet, den Messias zu erkennen, wenn Er kam, doch sie verpassten Ihn ganz und gar. Wenn wir uns Gott völlig ausliefern, zieht Er uns in Begegnungen hinein, die uns weich bleiben lassen. Ohne dieses Element werden wir dem Wort gegenüber verhärtet, das uns ja eigentlich gegeben wurde um uns zu verändern. Es wäre so ähnlich wie das Prinzip, nach dem eine Impfung verläuft. Wir werden kleinen Dosen eines bestimmten Krankheitserregers ausgesetzt, was dazu führt, dass unser Körper einen Widerstand aufbaut. Jesus sollte nicht in kleinen Portionen zu sich genommen werden. Man sollte sich Ihm völlig und von ganzem Herzen übergeben. Alles Geringere führt meist zum gegenteiligen Ergebnis von dem, was Er sich eigentlich für uns wünscht.

Das ist auf jeden Fall ein faszinierendes Unternehmen: die zu finden, die dem Heiligen Geist gegenüber offen sind. Ich weiß, dass ich nicht immer gut auf Ihn reagiert habe. Selbst jetzt noch fühlt es sich wie ein lebenslanges Ziel an, zu lernen, Ihn im Tanz führen zu lassen.

Daran festhalten – Sich Seiner bewusst sein

Im Himmel gibt es keine Gedanken, die gottlos sind. Er ist das Licht, das Leben und das Herz Seiner Welt. Der Himmel ist gefüllt mit vollkommener Zuversicht und Vertrauen auf Gott. Auf der anderen Seite ist diese Welt voll von Misstrauen und Chaos. Wir geben immer die Realität der Welt weiter, deren wir uns am meisten bewusst sind. Im Bewusstsein Gottes zu leben ist ein entscheidender Teil des Gebots, in Ihm zu bleiben. Bruder Lorenz, der im 17. Jahrhundert lebte, illustrierte dieses Thema ausgesprochen gut. Es wird im Buch „Allzeit in Gottes Gegenwart“ vorgestellt. Es wird von ihm gesagt, dass es keinen Unterschied gab zwischen seinen Gebetszeiten und den Zeiten, in denen er in der Küche arbeitete. Sein Bewusstsein von Gott und seiner Gemeinschaft mit Ihm war in beiden Rollen gleich.

Alle, die verstehen, welches Vorrecht es ist, Ihn bei sich aufzunehmen, müssen es sich zu einem übergeordneten Ziel machen, mit dem ständigen Bewusstsein von Ihm zu leben. Er ist der Heilige Geist und macht Heiligkeit zu einem großen Bestandteil der Ausrichtung unseres Lebens. Und Er ist genauso gut wie Er heilig ist. Ich mache mir Sorgen, wenn Leute nach Heiligkeit streben, ohne den Grundpfeiler unserer Theologie zu verstehen: Gott ist gut. Ich habe festgestellt, dass all meine Bemühungen, meine Disziplin und meine tiefempfundene Reue unter dem Blickwinkel der Heiligkeit betrachtet, wenig Auswirkungen auf mein Leben hatten. Ein heiliger Lebensstil ist vielmehr zum natürlichen Ergebnis davon geworden, dass ich mich an dem freue, der heilig ist – der Eine, der mich so annimmt, wie ich bin. All die verschwitzten Bemühungen haben in meinem Leben nichts Nennenswertes verändert, außer dass sie mich stolz und unglücklich gemacht haben. Ich wünschte, ich hätte diesen Aspekt des christlichen Lebens viel früher in meinem Wandel mit Gott entdeckt. Es hätte mir auf jeden Fall Jahre der Frustration erspart.

Ein Bewusstsein für Gott entwickeln

Jeder Gläubige nimmt Gott wahr, doch nicht immer auf einer bewussten Ebene. Dieses Bewusstsein zu entwickeln ist einer der wichtigsten Aspekte unseres Lebens in Christus. Er heißt „Gott mit uns". Ihn auf diese Weise zu kennen ist grundlegend für unsere Entwicklung.

Einer meiner Freunde, der Pilot ist, erzählte mir einmal von einem Test, den Piloten in der Ausbildung machen . Sie setzen den Auszubildenden in einen Flugsimulator, der die Atmosphäre eines richtigen Flugzeugs in großen Höhen nachempfinden kann. Piloten müssen in der Lage sein zu erkennen, ob ein Systemfehler im Flugzeug vorliegt. Zum Beispiel wird eine Warnung gegeben, wenn der Sauerstofflevel zu gering wird. Dann werden die Sauerstoffreserven benutzt, um alle am Leben zu halten. Doch was tut man, wenn das System, das einen vor einer bevorstehenden Gefahr warnen sollte, versagt? Und darum geht es in diesem Test. Man hat festgestellt, dass jeder Körper anders auf den abfallenden Sauerstofflevel reagiert. Bei einer Person können die Beinmuskeln zucken, während sich bei einer anderen die Armhaare aufstellen. Es kann wirklich so unterschiedlich sein. Derjenige, der den Flugsimulator steuert, reproduziert die Atmosphäre eines Flugzeuges, das sehr hoch fliegt. Dann lässt er langsam das Sauerstoffniveau absinken. Der Pilot muss jedes Gefühl aufschreiben, das er in seinem Körper wahrnimmt. Und gerade bevor er ohnmächtig wird, werden die Werte wieder in den Normalzustand gebracht. Wenn sie damit fertig sind, hat der Pilot eine Liste mit Warnzeichen, die ihm dabei helfen zu wissen, dass er den Sauerstoff überprüfen muss, wenn er fliegt und zum Beispiel seine Beinmuskeln anfangen zu zucken. Beachten Sie: Wenn die Fluglehrerausbildung nicht ihr Augenmerk auf die Signale gelenkt hätte, die ihr Körper ihnen sendet, wüssten diese potentiellen Piloten nicht, dass irgendetwas von dem, was mit ihnen passiert, außergewöhnlich ist. Und ganz sicher wüssten sie nicht, dass ihr Körper ihnen eine Warnung über zu niedrigen Sauerstoff gibt. Wir leben oft in einer ähnlichen Unwissenheit über die Gegenwart Gottes.

Jeder Gläubige erlebt Gottes Gegenwart in gewisser Weise, doch oft sind wir nicht geübt darin. Das trifft besonders für eine Kultur zu, die kognitive Stärken über geistliche und sinnliche Fähigkeiten stellt. Zum Beispiel ist unser Körper mit der Fähigkeit geschaffen worden, die Gegenwart Gottes wahrzunehmen. Der Psalmist sagte, dass sogar sein Leib nach dem lebendigen Gott schrie (siehe Psalm 84,2; Elberfelder). Der Schreiber des Hebräerbriefes lehrte, dass die Fähigkeit Gut und Böse mit unseren Sinnen zu unterscheiden ein Zeichen von Reife ist: *„Feste Nahrung dagegen ist für die Menschen, die erwachsen und reif sind, die aufgrund ihrer Erfahrung gelernt haben, zwischen Gut und Böse zu unterscheiden." (Hebräer 5,14)*

Diejenigen, die dafür ausgebildet sind Falschgeld zu erkennen, studieren niemals das Falschgeld, denn die Möglichkeiten Geld zu fälschen sind endlos. Sie vertiefen sich darin, sich mit der richtigen Währung zu umgeben. Dann sticht das Falsche automatisch heraus. Es ist dasselbe, wenn wir unsere Sinne dafür schärfen, Gut und Böse zu unterscheiden. Wenn wir in die Entdeckung der Gegenwart Gottes auf uns (der Geist, der uns ohne Einschränkung gegeben wurde) eintauchen, wird alles herausstechen, was im Gegensatz dazu steht. Im Allgemeinen kann mein Herz mir sagen, ob etwas richtig oder falsch ist. Doch Er hat auch schon auf eine Weise zu mir gesprochen, dass nur meine natürlichen Sinne wahrnehmen konnten, was Er sagte oder offenbarte. Er macht das absichtlich, um uns als gute Soldaten für Seine Armee auszubilden, damit wir in allen Zusammenhängen hören, wenn Er handelt oder redet. Das macht uns fähig, zur Zeit und zur Unzeit bereit zu sein.

Entdecken Sie Ihn durch Zuneigung

Der Heilige Geist ist so ein erstaunlicher Liebhaber. Er ist so sanft und uns immer nahe. Ich habe fast durch Zufall entdeckt, dass Er beginnt, sich in mir zu manifestieren, wenn ich meine Zuneigung ganz auf Ihn lenke. Es ist mir unbeschreiblich viel wert zu lernen, wie ich meiner Zuneigung Ihm gegenüber Ausdruck verleihe und dann erkenne, wie Er darauf antwortet. Er kommt. Und wenn Er kommt, ist es immer wunderbar.

Seit vielen Jahren praktiziere ich abends, wenn ich ins Bett gehe, diese simple Handlung: Ich lasse meiner Zuneigung Ihm gegenüber freien Lauf, bis ich spüre, dass Seine Gegenwart auf mir ruht. Weil ich daran interessiert bin zu schlafen, verwende ich diese Zeit nicht um Ihm Loblieder zu singen oder für ein großes Anliegen einzustehen. Ich liebe Ihn einfach, bis mein Herz von Seiner Gegenwart erwärmt wird. Wenn ich nachts aufwache, nehme ich das wieder auf und wende mein Herz Ihm wieder zu, dann schlafe ich mit Ihm verbunden wieder ein.

Es ist wichtig zu wissen, wie das Leben funktioniert. Als Gott alles schuf, wurde es Abend und Morgen, der erste Tag. Das wird in 1. Mose 1 oft wiederholt. Der Tag fängt am Abend an. Ihm unsere Nacht anzuvertrauen ist die beste Art unseren Tag zu beginnen. Vielen würde es tagsüber besser gehen, wenn sie lernen würden, Ihm ihre Nächte zu geben. Für viele würde die Qual, die sie in den Nachtstunden erleben, durch diese einfache Handlung enden. Starten Sie abends in den neuen Tag, indem Sie Ihm Ihre Zuneigung schenken, bis Er Ihr Herz wärmt. Lernen Sie, dieses Gefühl der Gegenwart durch die Nacht beizubehalten. Das wird Ihren Tag beeinflussen.

Zu einer alten Lehre zurückkehren

Nach Seiner Auferstehung traf Jesus Seine Jünger in einem Zimmer, in dem sie sich versteckten. Doch mit dieser Begegnung hatten sie nicht gerechnet. Sie versteckten sich, weil sie befürchteten, dass die religiösen Führer sie als nächstes töten würden. Jesus ging entweder durch die Wand oder erschien einfach so im Raum. Das trug nicht gerade dazu bei ihrem Problem mit der Angst abzuhelfen. Jesus antwortete auf ihre Panik mit: *„Friede sei mit euch." (Johannes 20,19)* Sie haben nicht begriffen, was Jesus ihnen da zur Verfügung stellte. Wenn Frieden ausgeteilt wird, muss er auch empfangen werden um von Nutzen zu sein. Danach zeigte Jesus ihnen Seine Hände und Seine Seite, damit sie die Narben Seiner Kreuzigung sehen konnten. *„Freude erfüllte die Jünger, als sie ihren Herrn sahen." (Johannes 20,20)* Erst nachdem sie diese Wunden gesehen hatten, erkannten sie, wer Er war. Dann sprach Er ihnen wieder Frieden zu.

Jesus kommt oft anders, als wir es erwarten. Er tat das gleiche mit den Männern, die auf dem Weg nach Emmaus waren (siehe Lukas 24,13-32). Sie erkannten Ihn auch nicht, obwohl Er ihnen die Schrift auf eine Weise auslegte, die ihre Herzen warm werden ließ. Erst nachdem Er am Essenstisch das Brot gebrochen hatte, wurden ihnen die Augen dafür geöffnet, wer Er war. Beide Male erkannten Seine Nachfolger erst, wer Er war, nachdem Er ihre Aufmerksamkeit auf das Kreuz gelenkt hat – die Wunden vom Speer in Seiner Seite und den Nägeln in Seinen Händen und das Brot, das von Seinem zerbrochenen Leib zeugte. Bewegungen Gottes müssen das Kreuz als zentralen Punkt haben um echt zu sein. Die Hauptsache muss die Hauptsache bleiben. Der Thron ist das Zentrum Seines Königreiches, und auf Seinem Thron sitzt das Lamm Gottes. Das Blutopfer wird in alle Ewigkeit geehrt und gefeiert werden. Es ist die Auferstehung, die das Leben eines Christen korrekt darstellt und bevollmächtigt, doch wir kommen nur über das Kreuz dorthin. Es gibt keine Auferstehung ohne das Kreuz.

„Friede sei mit euch." Jesus kam wieder zu der Lektion zurück, die Er ihnen schon bei ihrem ersten Auftrag in Matthäus 10,8-12 gegeben hat. Er lehrte sie Frieden zu bringen, wenn sie ein Haus betraten. Jesus stillte einen Sturm mit Frieden. *„Jesus erwachte, bedrohte den Wind und befahl dem Wasser: ‚Schweig! Sei still!' Sogleich legte sich der Wind, und es herrschte tiefe Stille." (Markus 4,39)* Doch Er schlief im Sturm. Wir haben Autorität über jeden Sturm, in dem wir schlafen können. Sie müssen selbst Frieden haben um ihn abzugeben. Wenn wir im Frieden bleiben, werden wir zur Bedrohung für den Sturm.

Nachdem Jesus ihnen die Wunden gezeigt hatte, glaubten sie. Weil Er der Gott der zweiten Chancen ist, sprach Er ihnen nochmals Frieden zu. Diesmal waren sie anscheinend offen dafür, denn Er schloss daran den größten Auftrag an, den je einer erhalten hatte: *„Wieder sprach Er zu ihnen und sagte: ‚Friede sei mit euch. Wie der Vater mich gesandt hat, so sende ich euch.'" (Johannes 20,21)* Da haben wir es: Wie der Vater mich gesandt hat, sende ich euch. Überwältigend. Es gibt keine größere Berufung als in der Berufung Jesu zu gehen. Doch wie wenn das nicht schon genug gewesen wäre, kommen wir jetzt zu dem Teil, der das möglich macht. *„Dann hauchte Er sie an und sprach:*

‚Empfangt den Heiligen Geist.'" (Johannes 20,22)

Wenn Jesus gesagt hätte, dass Er uns so sendet, wie der Vater Ihn gesandt hat, und im Anschluss daran dann ein Festmahl für die Armen veranstaltet hätte, würden wir betonen, dass die Speisung der Armen der vorrangige Dienst Jesu ist, in dem wir gehen sollen. Wenn Er diesem großen Auftrag einen zweistündigen Lobpreisgottesdienst angeschlossen hätte, würden wir sagen, dass wir Ihm hauptsächlich in dieser Funktion folgen sollen. Egal, welche Handlung dem Auftrag folgt, sie wird als die wichtigste Sache hervorgehoben werden, es sei denn, es ist etwas so Abstraktes, wie es in dieser Situation der Fall ist. Weil es etwas so Ungewöhnliches ist, verliert sich diese Handlung Jesu in der langen Liste von Aktivitäten, die nur Gott durchführen kann. Er setzt den Geist Gottes frei. Ich möchte nahelegen, dass Jesus in dieser einen Handlung das Wesen allen Dienstes vorlebte. Das zu tun, was Er tat, beinhaltet auch, die Taube (den Heiligen Geist) freizulassen, bis Er Orte (Menschen) findet, wo Er sich niederlassen kann. In dieser einen Handlung fasst Jesus das Leben derer zusammen, die Ihm in dem größten Auftrag nachfolgen: Wie mich der Vater gesandt hat, so sende ich euch; und jetzt setzt den Heiligen Geist frei.

Vollmacht und Autorität

Jesus hatte Seinen Jüngern schon Vollmacht und Autorität gegeben, als Er noch auf der Erde war. Sie arbeiteten mit dem Heiligen Geist zusammen, als sie auf ihren „Missionseinsätzen" waren, und auch während der Zeit von Jesu Dienst auf der Erde. Interessanterweise würde das, was

Er ihnen gegeben hat, nach Seinem Tod und Seiner Auferstehung nicht weiter anhalten. Er nahm sie mit in Seine Erfahrung hinein und befähigte sie, unter dem Schirm Seiner Autorität und Vollmacht zu wirken, und das machten sie gut. Jetzt mussten sie ihre eigenen Erfahrungen mit Gott machen, um diese beiden notwendigen Zutaten zu bekommen.

Als die Jünger in Johannes 20 den Heiligen Geist erhielten, wurden sie von Neuem geboren. Sie empfingen einen Auftrag von Gott, der in Matthäus nochmal bestätigt und erweitert wurde:

> *Darum geht zu allen Völkern und macht sie zu Jüngern. Tauft sie im Namen des Vaters und des Sohnes und des Heiligen Geistes und lehrt sie, alle Gebote zu halten, die ich euch gegeben habe. Und ich versichere euch: Ich bin immer bei euch bis ans Ende der Zeit. (Matthäus 28,19-20)*

Im Anschluss an dieses Erlebnis wurde ihnen befohlen, Jerusalem nicht zu verlassen, bis sie mit Kraft aus dem Himmel ausgestattet wurden.

> *„Und nun werde ich euch den Heiligen Geist senden, wie mein Vater es versprochen hat. Ihr aber bleibt hier in der Stadt, bis der Heilige Geist kommen und euch mit Kraft aus dem Himmel erfüllen wird." (Lukas 24,49)*

Autorität kommt mit dem Auftrag, aber Vollmacht kommt durch die Begegnung. Sie hatten den Befehl, nicht wegzugehen, bis sie ihre Begegnung mit dem Geist Gottes gehabt hatten. In Matthäus 28 bekamen sie Autorität, doch in Apostelgeschichte 2 empfingen sie Vollmacht. Das stimmt bis auf den heutigen Tag: Autorität kommt durch den Auftrag, und Vollmacht kommt durch die Begegnung. Und obwohl diese beiden Elemente ihren vorrangigen Fokus auf dem Dienst zu haben scheinen, sind sie doch zunächst grundlegend dafür, dass wir in eine Beziehung mit dem Heiligen Geist treten. Vollmacht und Autorität führen uns an das Wesen des Heiligen Geistes mit dem Fokus heran, Seine Gegenwart zu bewahren. Der Dienst sollte aus der Beziehung mit der Person heraus fließen, die um unseretwillen in uns lebt und um anderer Willen auf uns ruht.

Seine Gegenwart freisetzen

Es gibt wahrscheinlich unzählige Möglichkeiten, die Gegenwart Gottes freizusetzen. Ich bin mit vier Arten, die beabsichtigt praktiziert werden können, vertraut.

Das Wort

Jesus wendete diese Methode häufig an. Er sagte nur das, was Sein Vater sagte. Das bedeutet, dass jedes Seiner Worte seinen Ursprung im Herzen des Vaters hat. Als Er Seine verwirrendste Botschaft weitergab, verließen Ihn die Menschen reihenweise. All das geschah in Johannes 6. In dieser Predigt sprach Er davon, dass die Leute Sein Fleisch essen und Sein Blut trinken müssen, um Anteil an Ihm zu haben. Jesus hatte noch nie zuvor etwas so Groteskes gelehrt. Für die Zuhörer klang das, was Er sagte, nach Kannibalismus. Wir wissen, dass das nicht Seine Absicht war. Doch wir sehen das ja auch im Rückblick. Und das Erstaunlichste daran ist für mich, dass Jesus sich nicht einmal darum bemühte, sich zu erklären. Es gibt heute wahrscheinlich keinen Lehrer oder Pastor, der nicht sicherstellen würde, dass die Leute verstanden haben, worauf Er sich da bezog, besonders wenn man sieht, dass die Menge zu murmeln anfängt und dann letztendlich geht. Und doch diente dies Seinem Zweck, denn sie wollten Ihn mit Gewalt zum König machen. Als Er Seine Jünger fragte, ob sie Ihn auch verlassen würden, antwortete Petrus: *„Herr, zu wem sollten wir gehen? Nur Du hast Worte, die ewiges Leben schenken. Wir glauben und haben erkannt, dass Du der Heilige Gottes bist." (Johannes 6,68-69)* Meiner Meinung nach sagte Petrus: „Wir verstehen nicht mehr von Deiner Lehre als die, die gegangen sind. Aber eines wissen wir: Immer, wenn Du sprichst, erwachen wir innerlich zum Leben. Wenn Du sprichst, erkennen wir, warum wir am Leben sind."

Nur wenige Verse zuvor erklärte Jesus einen besonders wichtigen Teil des christlichen Lebens im Dienst, als Er sagte: *„Es ist der Geist, der lebendig macht. Das Fleisch hat keine Macht. Die Worte aber, die ich euch gesagt habe, sind Geist und Leben." (Johannes 6,63)* Jesus ist das fleischgewordene Wort. Doch wenn Er sprach, wurde das Wort Geist. Das geschieht immer, wenn wir das sagen, was der Vater sagt. Wir haben das alle schon erlebt: Wir befinden uns in einer beunruhigenden Situation, und jemand kommt in den Raum und sagt etwas, das die Atmosphäre des gesamten Raums verändert. Und zwar nicht nur, weil sie eine gute Idee mitgebracht haben. Sie sagten etwas, das materiell wurde, das eine Substanz hatte, die die Atmosphäre veränderte. Was passierte? Sie sprachen etwas zum richtigen Zeitpunkt und zielgerichtet aus. Sie sagten das, was der Vater sagte. Worte wurden Geist.

Worte sind das Werkzeug, mit dem Gott die Welt geschaffen hat. Das gesprochene Wort ist auch wesentlich, um Glaube in uns aufzubauen (siehe Römer 10,17). Sein gesprochenes Wort ist von Natur aus schöpferisch. Wenn wir das sagen, was der Vater sagt, setzt das die schöpferische Natur und die Gegenwart Gottes in einer Situation frei und bringt Seinen Einfluss und eine Veränderung mit sich.

Der Glaubensakt

Seine Gegenwart begleitet Sein Handeln. Glaube bewirkt eine erhebliche Freisetzung Seiner Gegenwart, was in Jesu Dienst immer wieder sichtbar wird. Ein Akt des Glaubens ist jede äußerliche Handlung, die den innerlichen Glauben ausdrückt. Ich habe zum Beispiel schon zu Leuten gesagt, dass sie auf einem schwer verletzten Knöchel oder Bein laufen sollen. Sobald sie das tun, werden sie geheilt. Wie? Die Gegenwart wird durch das Handeln freigesetzt. Das ist etwas, was ich niemals rein aus dem Prinzip des Glaubens heraus tun würde. Ich bin nur dazu gewillt, diese Anweisung aus Seiner Gegenwart heraus zu geben. An diesem Punkt machen viele Leiter einen großen Fehler. Ich würde niemals von jemandem erwarten, dass er sich aus einem Prinzip heraus in Gefahr begibt. Wenn ich in meinem Leben mit Jesus scheinbar eine Straßensperre vor mir habe, verlange ich manchmal von mir selbst eine mutige Tat aus Prinzip, doch niemals von einem anderen.

Die prophetische Handlung

Das ist eine einzigartige Facette des christlichen Lebens, da eine Handlung gefordert wird, die von außen betrachtet keine Verbindung zum gewünschten Ergebnis hat. Wenn man auf einen verletzten Knöchel auftritt, ist das mit einem gewünschten Ergebnis verbunden: einem geheilten Knöchel. Bei einer prophetischen Handlung hingegen gibt es keinen Zusammenhang. Ein gutes Beispiel wäre, als Elisa von einem geliehenen Eisen einer Axt erfuhr, das in den Fluss gefallen war. Es heißt dort: *„Als der Mann ihm die Stelle zeigte, schnitt er einen Stock ab und warf ihn dorthin. Da tauchte das Eisen auf und schwamm auf dem Wasser." (2. Könige 6,6)* Sie können den ganzen Tag lang Stöcke ins Wasser werfen und bringen das Axteisen doch nicht zum Schwimmen. Die Handlung steht scheinbar in keinem Zusammenhang mit dem Ergebnis. Die Stärke der prophetischen Handlung ist, dass sie dem Vaterherz entspringt. Es ist ein prophetischer Akt des Gehorsams, dessen Logik außerhalb des menschlichen Urteilsvermögens liegt.

Ich habe das oft gesehen, wenn jemand ein Wunder wollte. Ich ließ sie von da aufstehen, wo sie saßen und im Gang der Kirche stehen. Nicht, weil in diesem Gang eine größere Kraft des Heiligen Geistes war, sondern weil es eine prophetische Handlung war, die die Gegenwart des Heiligen Geistes über ihnen freisetzen würde. Jesus hat oft so gearbeitet. Einmal sagte Er einem blinden Mann, er solle sich im Teich Siloah waschen (siehe Johannes 9,7). Es liegt keine Heilungskraft in diesem Teich. Das Wunder wurde ausgelöst durch diese Handlung des Gehens und sich Waschens. Beide hängen logisch betrachtet nicht mit dem gewünschten Ergebnis zusammen.

Die Berührung

Handauflegung ist eine der grundlegenden Lehren der Kirche und wird auch gesondert als Grundlehre von Christus bezeichnet (siehe Hebräer 6,1-2). Es wurde auch im Alten Testament praktiziert. Der Priester legte seine Hände auf einen Ziegenbock, um symbolisch die Sünde Israels auf den Bock zu übertragen, bevor er dann in die Wüste geschickt wurde. Das Auflegen der Hände auf den Bock sollte etwas freisetzen, das Israel dabei hilft in seine Bestimmung zu kommen. Es wurde auch dazu benutzt Autorität zu übertragen, wie es bei Mose und seinen Ältesten der Fall war. Der Apostel Paulus legte seine Hände auf Timotheus, um die apostolische Bevollmächtigung freizusetzen. In der Apostelgeschichte wurde Leuten die Hände aufgelegt, um den Heiligen Geist über ihnen freizusetzen (siehe Apostelgeschichte 8,18). Es geht darum, dass Handauflegung ein Werkzeug ist, das Gott dazu benutzt, die Realität Seiner Welt, Seine Gegenwart, über einer anderen Welt freizusetzen.

Unbeabsichtigt

Neben der absichtsvollen Freisetzung Seiner Gegenwart gibt es noch unzählige Wege, wie Seine Gegenwart freigesetzt wird, ohne dass es von unserer Seite her beabsichtigt war. Wenn wir jedoch mit Ihm zusammenarbeiten, werden sie zur Normalität.

Schatten

„Petrus' Schatten" ist eine der großartigsten Geschichten über den Überfluss an Seiner Gegenwart auf einer Person. Es gibt kein Anzeichen dafür, dass Petrus das so gelenkt oder erwartet hätte. Doch die Leute lernten, das zu ergreifen, was auf ihm lag. Unser Schatten wird immer das auslösen, was uns überschattet. Wenn wir ein Ruheplatz des Geistes sind, werden sowohl unser Schatten als auch gesalbte Kleidung und andere Dinge zu Gegenständen großer Kraft in unserem Leben. Ich glaube nicht, dass dieses Prinzip irgendetwas mit unserem Schatten zu tun hat. Es hat mit der Nähe zur Salbung zu tun. Es werden Dinge durch uns möglich, die nichts mit unserem Glauben zu tun haben. Sie haben nur damit zu tun, wer auf uns ruht und wem wir Raum geben. In diesem Zusammenhang passieren mehr gute Dinge aus Zufall als je zuvor mit Absicht geschehen sind.

Mitgefühl

Ich führe dies unter unabsichtlich an, weil es beinahe wie ein Vulkan von innen heraus kommt. Es heißt oft, dass Jesus von Mitgefühl ergriffen wurde und jemanden heilte. Wenn wir bereit sind, Menschen mit der Liebe Jesu zu lieben, rückt das Übernatürliche in den Vordergrund. Oft verwechseln die Leute Mitgefühl und Mitleid. Mitleid schenkt einer Person in Not Aufmerksamkeit, doch es kann sie nicht von der Not befreien. Mitgefühl hingegen ist dazu da, sie davon frei zu machen. Mitleid ist eine Fälschung von Mitgefühl.

Kleidung

Das wirkt durch das gleiche Prinzip wie die Schatten, die weiter oben erwähnt wurden. Die manifeste Gegenwart Gottes auf einer Person macht unvorstellbare Dinge möglich. Seine Gegenwart durchtränkt Stoff.

Anbetung

Das hat ungewöhnliche Auswirkungen auf unsere Umgebung. Wir wissen, dass Er in unserem Lobpreis wohnt (siehe Psalm 22,4; Elberfelder). Es leuchtet ein, dass dabei Seine Gegenwart freigesetzt wird. Die Atmosphäre verändert sich. Die Atmosphäre in Jerusalem kam sogar zum Teil durch Lobpreis zustande. *„Wir alle hören diese Leute in unseren eigenen Sprachen über die Taten Gottes reden." (Apostelgeschichte 2,11)* Solche Anbetung trug dazu bei, dass sich die Atmosphäre über einer ganzen Stadt veränderte und geistliche Blindheit aufgehoben wurde. Im Anschluss daran wurden 3000 Seelen gerettet.

Ich habe es selbst erlebt, dass wir bestimmte Räumlichkeiten für unseren Gottesdienst angemietet haben und die Leute, die danach hineinkamen, Kommentare über die dort verbleibende Gegenwart Gottes machten. Einer meiner Freunde nahm vor vielen Jahren immer Leute mit auf die Straßen San Franciscos. Sie trafen auf harten Widerstand. Doch als er erkannte, dass die Feinde zerstreut werden, wenn Gott sich erhebt, nutzte er diese Herangehensweise strategisch für seinen Dienst (siehe Psalm 68,2). Er teilte sein Team auf. Die eine Hälfte ging hinaus um Gott anzubeten und die andere Hälfte diente den Menschen. Die Polizei sagte zu ihm, dass die Verbrechen ausbleiben, wenn er auf der Straße ist. Das ist ein erstaunliches Resultat davon, dass eine Taube über einem Teil der Stadt freigelassen wird. Die Atmosphäre verändert sich, wenn der Gegenwart Gottes der rechtmäßige Platz eingeräumt wird.

Der höchste Auftrag

Ich kann mir kein größeres Vorrecht denken als die Gegenwart des Heiligen Geistes in diese Welt zu tragen und dann nach offenen Türen Ausschau zu halten um Ihn freizulassen. Ein Freund, der Prophet ist, sagte einmal zu mir: „Wenn du eine Gemeinde kennst, von der du denkst, dass ich dort hingehen sollte, sag mir Bescheid, und ich geh hin.“ Er sagte im Grunde genommen zu mir: „Du hast Gunst in meinen Augen. Und wenn es eine Gemeinde gibt, in die du denkst, dass ich gehen sollte, werde ich ihnen die gleiche Gunst zuteil werden lassen wie dir.“ Das beschreibt irgendwie das Wesen dieser höchsten Berufung. Wenn wir Seine Gegenwart richtig in der Beziehung zu Ihm verwalten, wird Er uns zunehmend das Vorrecht geben, Seine Gegenwart in unterschiedlichen Situationen und im Leben verschiedener Personen durch den Dienst freizusetzen. Er wird ihnen die gleiche Gunst erweisen, die Er uns erwiesen hat.

10

Die praktische Seite Seiner Gegenwart

Ich weiß nicht genau, wann es passierte, und nicht einmal genau, wie, aber irgendwann in der Kirchengeschichte wurde die Predigt zum Schwerpunkt unserer gemeinsamen Treffen. Ich bin mir sicher, dass diese Veränderung hintergründig und auch berechtigt war. Sie zeigt die große Wertschätzung, die wir dem Wort Gottes gegenüber haben. Doch mir reicht diese Begründung nicht aus. Und damit will ich nicht den Wert der Schrift herabsetzen. Es ist nur so, dass die physische Gegenwart einer Bibel nie zum Ersatz für den Heiligen Geist auf Seinem Volk werden sollte.

Das Volk Israel zeltete um die Stiftshütte herum, die die Bundeslade enthielt. Dort verweilte die Gegenwart Gottes. Das war der absolute Lebensmittelpunkt für diese Nation. Es war praktisch für sie. Israel lagerte sich um die Gegenwart Gottes herum, während die Kirche sich oft um eine Predigt herum lagert. Wir müssen irgendwie alles Notwendige verändern um wieder zu erkennen, was es praktisch heißt, dass die Gegenwart Gottes bei allem, was wir tun und sind, im Zentrum steht.

Von der Urgemeinde heißt es, dass 95 Prozent ihrer Aktivitäten aufgehört hätten, wenn der Heilige Geist von ihnen genommen worden wäre. Aber es wird auch festgestellt, dass 95 Prozent der Aktivitäten der heutigen Kirche wie gewohnt weiterlaufen würden, weil eine so geringe Anerkennung Seiner Gegenwart herrscht.

Glücklicherweise verändern sich diese Prozentangaben, weil Gott uns für den Endzeitschub mit Seiner Gegenwart für die Ernte neu ausrüstet. Doch es liegt noch ein weiter Weg vor uns.

Für uns als Gemeinde, Familie und Einzelperson muss es wieder oberste Priorität haben, Seine Gegenwart in den Mittelpunkt zu stellen. Es ist das Herzensanliegen Gottes für uns, weil es uns dabei hilft, noch mehr im Vertrauen an Gott zu reifen.

Von ganzem Herzen

Einer der arrogantesten Gedanken, die uns je in den Sinn kommen können, ist der, dass die Gegenwart Gottes nicht praktisch ist. Eine solche Lüge hält uns davon ab, Seine Nähe zu entdecken. Er ist der Autor des Buches, der

Gestalter des Lebens, und die Inspirationsquelle für das Lied. Er ist aufs Äußerste praktisch anwendbar.

Mit dem Bewusstsein zu leben, dass Seine Gegenwart mit uns ist, ist eines der wichtigsten Dinge im Leben. Sein Name ist Immanuel, was bedeutet: Gott mit uns. Diesen Lebensstil „Gott mit uns“ haben wir von Jesus geerbt. Genauso wie Er müssen wir Seine Gegenwart in unserem Leben zur Priorität machen, um den gleichen Einfluss und das gleiche Ziel wie Er zu haben.

> *Vertraue von ganzem Herzen auf den Herrn und verlass dich nicht auf deinen Verstand. Denke an Ihn, was immer du tust, dann wird Er dir den richtigen Weg zeigen. (Sprüche 3,5-6)*

Vertrauen wird uns über unseren Verstand hinaus in Bereiche bringen, die nur durch Glauben entdeckt werden können. Vertrauen baut darauf, dass wir in Interaktion mit Ihm stehen und dadurch Sein Wesen entdecken, das in jeder Hinsicht gut und perfekt ist. Wir glauben nicht deshalb, weil wir verstehen. Wir verstehen, weil wir glauben. Das Verständnis, das wir auf diese Weise erhalten, ist der „erneuerte Sinn“. Durch dieses einfache Element des Vertrauens nimmt die Entdeckung des ganzheitlichen Ausdrucks von Gottes Wesen und Seiner Gegenwart exponentiell zu.

Es ist eine natürliche Folge, dass wir Ihn anerkennen, wenn wir Ihm vertrauen. Derjenige, dem wir über unsere eigene Existenz hinaus vertrauen, sollte in jedem Aspekt und in jedem Bereich unseres Lebens anerkannt werden. Das Wort „anerkennen“ bedeutet eigentlich „kennen“. Es ist ein außergewöhnlich wichtiges Wort in der Schrift mit einem breiten Spektrum an Bedeutungen. Doch was sich für mich am meisten abhebt, ist, dass dieses Wort auf den Bereich der persönlichen Erfahrung hinweist. Es ist mehr als nur Kopfwissen. Es geht über reine Konzepte hinaus. Es ist ein Wissen, das aus der Begegnung kommt. In 1. Mose 4,1 heißt es: *„Und der Mensch erkannte seine Frau Eva, und sie wurde schwanger und gebar Kain.“ (1. Mose 4,1; Elberfelder)* Ein derartiges Wort ist offensichtlich mehr als ein bloßer Gedanke. Es ist eine tiefgehende Interaktion.

Die Reise der Gegenwart

Vertrauen lässt uns Seine Gegenwart mehr entdecken. Er wird viel greifbarer, wenn wir voller Vertrauen und Erwartung auf Ihn blicken. Wie schon erwähnt ist mein bestes Werkzeug Gottes Gegenwart zu entdecken, meine Liebe zu Ihm. Allerdings ist Er auch hier selbst der Initiator. Er ist der große Liebhaber der Menschheit und entscheidet sich dazu, sich uns in diesen herrlichen Augenblicken anzunähern. Ich kann mir das Leben nicht vorstellen ohne das wunderbare Vorrecht Ihn zu lieben. Er kommt uns nahe.

Dieser oben zitierte Abschnitt aus Sprüche 3 deutet an, dass derjenige, der Ihm vertraut, Ihn anerkennen oder erkennen soll, bis er Ihn wirklich kennt und Ihm begegnet. Meine persönliche, grobe Umschreibung würde ungefähr so klingen: „Erkenne Ihn in jedem Bereich deines Lebens an, bis es zu einer persönlichen Begegnung mit Ihm kommt.“ Mir gefällt der Gedanke nie, eine Formel anzubieten, die unser Leben mit dem Herrn billig und einfach macht und ich möchte das ganz sicher auch in diesem Fall nicht andeuten. Allerdings werden die Dinge im Leben wirklich sicher besser laufen, wenn wir Gottes Gegenwart anerkennen und Ihm begegnen. Das ist selbstverständlich. Es ist lebenswichtig, den Urheber, den Gestalter und die Inspiration des Lebens mit an Bord zu haben und zwar mit unserer Anerkennung in allen Bereichen.

Viele unter uns sind aus unterschiedlichen Gründen einem Leben des Glaubens gefolgt. Der Bereich der Wunder ist sicher einer davon. Wunder sind jetzt zu so einem normalen Teil unseres Lebens geworden, wie ich es früher nicht für möglich gehalten hätte. Das ist wunderbar. Doch in letzter Zeit habe ich mich gefragt: Könnten wir das, was wir im Übernatürlichen gesehen haben, nicht noch übertreffen, wenn wir unseren Glauben auf die gleiche Weise dazu benutzen würden, die Gegenwart Gottes zu erkennen, wie wir ihn benutzt haben, um Durchbrüche für Wunder zu erleben? Fazit: Verwenden Sie Ihren Glauben dafür, Gottes bleibende Gegenwart auf Ihrem Leben zu entdecken! Er enttäuscht nie. Das überwältigende Ergebnis davon ist, dass wir lernen, die Probleme unseres Lebens aus der Gegenwart Gottes heraus anzugehen. Jesus war darin perfekt.

Die Gegenwart Gottes ist genau nach Norden ausgerichtet. Wenn der Kompass meines Herzens die Gegenwart Gottes entdeckt, ergibt sich alles andere viel leichter von selbst. Und selbst, wenn ich vielleicht noch nicht in allen Bereichen meiner Bedürfnisse die gewünschten Antworten habe, erkenne ich doch Seine Gegenwart, die mich vor der Angst bewahrt, die mir den Zugang zu den Antworten versperrt. Das Leben derer, die die Gegenwart

Gottes als ihre Priorität haben, wird von göttlicher Ordnung erfüllt.

Tiefe Buße

Vertrauen ist der natürliche Ausdruck, wenn jemand in tiefer Buße ist. Das Wesen dieser beiden Realitäten wird in Hebräer 6,1 gut dargestellt: *„Wir müssen doch nicht immer wieder neu erklären, wie wichtig es ist, dass wir von allen bösen Taten umkehren und an Gott glauben."* In diesem einen Vers sehen wir das Wesen von Buße und Glauben. Das Bild beschreibt jemanden, der eine Kehrtwende macht, von etwas weg und zu etwas hin. Hier ist es weg von der Sünde und hin zu Gott. Seine Gegenwart wird in der Umkehr entdeckt.

Buße bedeutet, dass wir unsere Denkweise ändern. Unsere Sicht im Hinblick auf Sünde und Gott verändert sich. Wir bekennen mit tiefer Trauer (und gestehen uns unsere Sünde ohne Entschuldigung ein) und wenden uns Gott zu (auf den wir unser ganzes Vertrauen richten).

Ein ähnliches Bild wird in der Apostelgeschichte vermittelt. *„So tut nun Buße und bekehrt euch, dass eure Sünden ausgetilgt werden, damit Zeiten der Erquickung kommen vom Angesicht des Herrn." (Apostelgeschichte 3,19-20; Elberfelder)* Beachten Sie das Endergebnis: damit Zeiten der Erquickung kommen vom Angesicht des Herrn. In diesen zwei Versen sehen wir das Muster, die Ordnung, die Gott geschaffen hat um uns zu sich selbst und zu Seiner manifesten Gegenwart hin zu führen. Als wir noch Sünder waren, hat Gott uns erwählt, dass wir Ihn auf eine Weise erleben, die unsere ursprüngliche Absicht völlig wiederherstellt: nämlich in Seiner Gegenwart zu leben und sie in uns zu tragen.

Entweder wandeln wir in Buße, oder wir müssen Buße tun. Umkehr ist der Lebensstil, wie wir mit Gott von Angesicht zu Angesicht leben können. Wenn mir das fehlt, muss ich dahin zurückkehren. Ich muss Buße tun.

Gebet mit dem Heiligen Geist

Die vielleicht größte Untertreibung dieses Buches lautet, dass die Gegenwart Gottes im Gebet entdeckt werden kann. Und obwohl das eine offensichtliche Wahrheit ist, lernen viele, ohne die Gegenwart zu beten und denken, dass Gott ihre Disziplin haben will. Disziplin spielt eine wichtige Rolle im Leben mit Christus, keine Frage. Doch das Christentum sollte nie für seine Disziplin, sondern für seine Leidenschaft bekannt sein.

Gebet ist der höchste Ausdruck der Partnerschaft mit Gott. Es ist ein Abenteuer, Sein Herz zu entdecken und dementsprechend zu beten. Viele verbringen ihr Leben damit, zu Gott zu beten, wenn sie eigentlich mit Ihm beten könnten. Diese Partnerschaft mit ihren Antworten und Durchbrüchen sollte die Quelle der Fülle unserer Freude sein.

> *Ihr dagegen, liebe Freunde, sollt euer Leben auf dem Fundament eures heiligen Glaubens aufbauen. Bleibt im Gebet und lasst euch darin vom Heiligen Geist leiten. (Judas 20)*

> *Betet immer und in jeder Situation mit der Kraft des Heiligen Geistes. (Epheser 6,18)*

Wenn jemand in anderen Sprachen redet, wird er selbst dadurch im Glauben gestärkt. (1. Korinther 14,4)

Wenn wir gesalbte Gebete sprechen, beten wir nach dem Herzen Gottes. Dieses Herz wird durch Worte, Emotionen und Seine Gebote ausgedrückt. Wenn wir Sein Herz finden, ist das ein sicherer Weg, sich an Seine Gegenwart zu binden. Dieses Privileg der Zusammenarbeit ist Teil des Auftrags, der denen gegeben wurde, die sich selbst dafür hingeben, Seine Gegenwart auf gute Weise weiterzugeben.

In Zungen zu beten bringt uns Erbauung und persönliche Stärke. In dieser Art zu beten werden wir von der Gegenwart Gottes überspült und erfrischt. Ich finde es ein bisschen traurig, wenn Leute betonen, dass Zungenrede die geringste der Gaben ist, was ihnen scheinbar das Recht gibt, sie zu ignorieren, während sie sich nach den höheren Gaben ausstrecken. Wenn eines meiner Kinder sich weigern würde, das Geburtstags- oder Weihnachtsgeschenk zu öffnen, das ich ihm gegeben habe, weil es feststellt, dass es weniger wert ist als die anderen Geschenke, könnte es sich von mir eine Predigt anhören, die es nicht so schnell vergessen würde. Jedes Geschenk von Gott ist wunderbar, herrlich und extrem notwendig um in Seiner vollen Absicht für uns zu leben. Diese spezielle Gabe der Zungenrede ist hervorragend dazu geeignet, ständig in Seiner Gegenwart zu leben.

Kreativer Ausdruck

Es ist eines der großen Geheimnisse des Lebens, wie die Nachkommen des Schöpfers so wenig Kreativität darin zeigen können, wie sie Kirche oder auch das Leben allgemein gestalten. Ich glaube nicht, dass dieser Mangel daher kommt, dass die Leute sich gerne zu Tode langweilen oder die Dinge bis aufs Äußerste überwachen wollen. Es kommt normalerweise von einem Missverständnis darüber, wer Gott ist und wie Er ist. Die Leute befürchten oft so sehr, dass sie etwas falsch machen, dass sie gar nichts Neues ausprobieren, weil sie denken, dass sie Gott missfallen könnten. Wenn sich mehr Leute in Seiner Güte entspannen würden, würden wir wahrscheinlich ein besseres Bild von dem Gott abgeben, der niemals langweilig ist. Er ist immer noch kreativ. Und es liegt in unserer Natur genauso zu sein.

In meinen Gebetszeiten muss ich Papier und Stifte bei mir haben, wegen der Ideen, die mir beim Beten kommen. Ich habe früher gedacht, dass das der Teufel ist, der mich vom Beten ablenken will. Und zwar deshalb, weil ich Gebet nach dem bewertet habe, wie viel Zeit ich damit verbringe, eine Einweg-Kommunikation zu führen. Gott misst Gebet durch die Zeit, die wir in der Interaktion mit Ihm verbringen.

Die Zeit in Seiner Gegenwart setzt kreative Gedanken frei. Wenn ich Zeit mit Gott verbringe, erinnere ich mich an Telefonanrufe, die ich tätigen muss, an Projekte, die ich schon lange vergessen hatte oder an Dinge, die ich mit meiner Frau oder meinen Kindern unternehmen wollte. In dieser Umgebung fließen die Gedanken frei, denn das ist Seine Art. In Seiner Gegenwart bekomme ich Ideen, die mir nirgendwo anders gekommen wären. Erkenntnisse, wie man ein Problem lösen kann, oder welche Leute gerade Bestätigung brauchen kommen alle aus dem Austausch zwischen Gott und Mensch. Wir müssen aufhören, den Teufel für alle Unterbrechungen verantwortlich zu machen. (Viele haben einen zu großen Teufel und einen zu kleinen Gott.) Und während der Feind unserer Seele tatsächlich versucht uns von Gottes Gegenwart abzuhalten, wird er oft auch beschuldigt ohne auch nur in unserer Nähe zu sein, weil wir den Vater und das, was Er wertschätzt, missverstehen. Wenn wir erkennen, dass es Gott ist, der mit uns interagiert, können wir den Prozess viel mehr genießen und Ihm dafür danken, dass Er sich um die Bereiche unseres Lebens kümmert, von denen wir oft denken, dass sie zu gering sind als dass Er etwas dazu beitragen würde. Wenn es Ihnen wichtig ist, ist es auch Ihm wichtig. Diese Gedanken sind die Frucht unserer Zweiweg-Kommunikation. Aber um zu vermeiden, dass ich das Vorrecht des Zusammenspiels mit Gott verlasse, um mich anderen Dingen zu widmen, schreibe ich diese Gedanken auf, damit ich wieder zur Anbetung und der Gemeinschaft mit Ihm zurückkehren kann. Die Notizen, die ich mache, können mir Wegweisung geben, auf die ich später zurückgreifen kann.

Weil Gott auf uns ruht, sollten wir neue Ebenen kreativer Ideen erwarten, mit denen wir unsere Welt beeinflussen können. Wenn ich von kreativ spreche, beziehe ich mich nicht nur aufs Malen oder Liederschreiben. Kreativität ist die Berührung durch den Schöpfer in jedem Lebensbereich. Der Buchhalter oder Anwalt benötigt das genauso wie der Musiker oder Schauspieler. Und Sie sollten mit dieser Berührung rechnen, wenn Sie der Sohn oder die Tochter des Schöpfers persönlich sind.

Gebetszeit, Lobpreiszeit

Meine Gebetszeiten handeln immer weniger von dem, was ich brauche, und immer mehr von der Entdeckung dieser wunderbaren Person, die sich mir so frei und ganz hingegeben hat. Ich kann mich daran erinnern, wie ich Derek Prince vor 40 Jahren über dieses Thema predigen hörte. Es hatte eine so tiefgehende Wirkung auf mich. Er sagte: „Wenn Sie zehn Minuten zum Beten haben, verwenden Sie acht Minuten davon zur Anbetung." Es ist erstaunlich, wofür man in nur zwei Minuten alles beten kann.

Anbetung ist zu einem vorherrschenden Teil des Lebens geworden. Es ist wunderbar, wenn das in den gemeinsamen Treffen stattfindet. Doch es ist seicht, wenn es nur gemeinsam mit anderen passiert. Mein persönliches Leben muss ein Leben ständiger Anbetung sein, wenn ich die Veränderungen erleben will, nach denen ich mich sehne. Wir werden immer wie derjenige werden, den wir anbeten.

Ich glaube immer noch an Gebet und Fürbitte. Es ist eine Freude. Doch mein Herz hat diesen Hang zu Seiner Gegenwart, die größer ist als die Antworten, die ich suche. Es gibt eine Person, die täglich neu entdeckt und genossen werden muss. Und das alles war Seine Idee. Ich kann Ihn nur suchen, weil Er mich gefunden hat.

Fünf Minuten Urlaub

Einer der bedeutungsvolleren Teile meines Lebens sind die fünf Minuten Urlaub, die ich mir manchmal gönne. Das kann jederzeit und überall geschehen. Die Zeit, die ich mir dafür nehme, kann unterschiedlich lang sein, doch die Aktivität ist immer die gleiche. Wenn ich zum Beispiel im Büro bin, bitte ich meine Sekretärin, meine Anrufer ein paar Minuten warten zu lassen. Ich setze mich hin, schließe normalerweise die Augen und bete ungefähr so: „Gott, ich sitze ruhig hier und bin nur der Gegenstand Deiner Liebe." Der Fluss Seiner Liebe zu uns ist groß, ähnlich wie das Wasser, das die Niagarafälle hinunter fließt – nur dass die Niagarafälle im Vergleich dazu klein sind. Sich dieser Liebe bewusst zu werden und diese Liebe zu erleben ist unbeschreiblich wunderbar. Und als Nebeneffekt davon wird auch noch alle Furcht ausgetrieben.

Es gibt nur zwei grundlegende Gefühle im Leben: Liebe und Furcht. Wenn ich meine Aufmerksamkeit auf Seine Liebe richte, wird meine Liebe zu Ihm nur noch größer. Es ist ein unendliches Liebesfest, bei dem ich mich an Ihm freue, so wie Er sich an mir freut, was meine Freude an Ihm wiederum nur noch größer macht. Er ist die größte Freude und muss als solche auch geschätzt werden.

Viele von uns sind mit dem Denken aufgewachsen, dass Gebet mit einer Menge Arbeit verbunden ist. Eigentlich schätze ich dieses Modell immer noch, aber nur, wenn es aus einem Lebensstil Seiner Gegenwart und einer Liebesbeziehung heraus kommt. Es ist am effektivsten, wenn ich verliebt bin. Seine Gegenwart täglich neu zu entdecken ist ein sicherer Weg, auch verliebt zu bleiben.

Ich weiß, dass der Herr immer bei mir ist. Ich will nicht mutlos werden, denn Er ist an meiner Seite. (Psalm 16,8)

Dieser Psalm Davids ist aus mehreren Gründen einer meiner Lieblingspsalmen. Es ist ein Psalm der Entdeckung Seiner Gegenwart. Er endet in Vers 11 mit: *„Du wirst mir den Weg zum Leben zeigen und mir die Freude Deiner Gegenwart schenken. Aus Deiner Hand kommt mir ewiges Glück."* Die Fülle der Freude. Wo? In Seiner Gegenwart! Es würde mehr Freude im Haus herrschen, wenn wir uns mehr darüber bewusst werden würden, wer im Haus ist.

Der oben erwähnte Vers ist wegen dieses einen Prinzips einmalig: Ich weiß, dass der Herr immer bei mir ist. Im Englischen steht hier: Ich stelle den Herrn stets vor mich. Hier bedeutet „stellen" „setzen", also etwas an seinen rechtmäßigen Platz setzen. David machte es zur täglichen Übung, Gott direkt vor seine Augen zu setzen. Er richtete seine Aufmerksamkeit darauf, dass Gott bei ihm ist, bis er sich Seiner bewusst war. David, der in der Bibel am meisten als eine Person von Gottes Gegenwart geehrt wird, sagte, dass er so sein Leben lebte. Wenn man das Ergebnis von Davids Leben betrachtet, glaube ich nicht, dass es übertrieben wäre zu sagen, dass das ein Geheimnis für Davids Erfolg war. Er wusste, dass er ohne die Ausrichtung nach Norden leben würde, wenn er seine Aufmerksamkeit nicht auf den Herrn lenkte, der bei ihm war. Ihm würde der Bezugspunkt auf seinem Kompass fehlen, der alles andere im Leben an die richtige Stelle rückt.

Lesen, bis Er spricht

Anbetung ist die Nummer Eins der Dinge, die Gott benutzt hat um mich etwas über Seine Gegenwart zu lehren, dicht gefolgt von meinen Begegnungen mit Ihm durch Sein Wort. Ich liebe die Schrift so sehr! Das meiste, was ich über die Stimme Gottes gelernt habe, habe ich durch das Lesen Seines Wortes gelernt. Und obwohl ich an intensives Bibelstudium glaube, lese ich doch meist zum Vergnügen. Eigentlich lese ich immer zum Vergnügen.

Gott hat über die Jahre hinweg unzählige Male durch die Seiten Seines Buches zu mir gesprochen. Es ist mir zur Gewohnheit geworden, jetzt umgehend in Sein Wort zu gehen, wenn ich Wegweisung, Trost, Erkenntnis oder Weisheit brauche. Wenn ich wegen etwas aufgewühlt bin, gehe ich zu den Psalmen. In diesem Buch sind alle Emotionen vorhanden. Und ich lese, bis ich meine eigene Stimme in einem Psalm wiederfinden kann. Wenn ich den Schrei meines Herzens dann höre, weiß ich, dass ich den Punkt gefunden habe, an dem ich anhalten und mich ernähren kann. Es ist wahrscheinlich ungefähr so, wie bei Schafen, die eine saftige Weide gefunden haben, wo sie grasen können. Sie halten einfach an und genießen. Das ist mein Leben. Ich halte inne und ernähre mich von der wunderbaren Interaktion, der Gegenwart Gottes, die sich in Seinem Wort und durch Sein Wort manifestiert.

„Und doch kommt der Glaube durch das Hören dieser Botschaft, die Botschaft aber kommt von Christus.“ (Römer 10,17) In diesem großartigen Vers gibt es zwei Dinge, auf die ich hinweisen möchte. Das erste ist die Tatsache, dass der Glaube durch das Hören kommt, und nicht dadurch, dass

man irgendwann einmal gehört hat. Das zweite ist, dass der Glaube nicht unbedingt dadurch kommt, dass man das Wort hört. Glaube kommt durch das Hören. Unsere Fähigkeit zu hören, kommt durch das Wort. Jemand, der hört, hat gute Aussichten auf großen Glauben. Unser gesamtes Leben ist mit Seiner Stimme verbunden. Der Mensch lebt *„auch von jedem Wort, das aus dem Mund Gottes kommt." (Matthäus 4,4)*

Die Gemeinschaft für Gemeinschaft

Gott liebt die Gemeinde. Er liebt den Gedanken an die Gemeinde, Er liebt ihr Potenzial und alles, was mit der Gemeinde (dem Leib Seines Sohnes auf der Erde) zu tun hat. Er hat sogar gesagt, dass der Eifer für Sein Haus Ihn verzehrt hat. Er hat Seine Kraft, Seine Weisheit und Seine intensiven Gefühle diesem Haus auf der Erde gewidmet; Seiner ewigen Wohnstätte.

Was ich zu Hause alleine mit Gott erlebe ist unbezahlbar. Ich würde es für nichts auf der Welt hergeben. Aber genauso wenig würde ich die genialen Augenblicke hergeben, die ich über die Jahre hinweg in Zusammenkünften von Hunderten oder Tausenden erlebt habe. Das sind auch unbezahlbare Momente, die uns auf die Ewigkeit vorbereiten, wo Menschen aus jedem Stamm und jeder Sprache ihre Lobgesänge zu Gott erheben werden. Das ist unbeschreibliche Freude.

Manche Dinge sind dem Einzelnen vorbehalten. Und doch sind manche Dinge zu wertvoll, um sie nur einem zu geben. Sie müssen mit einer Gemeinschaft von Leuten, einem Leib, einer Kirche geteilt werden. Und es gibt auch

Aspekte Seiner Gegenwart, die nur in der gemeinsamen Zusammenkunft erlebt werden. Die exponentielle Freisetzung und Erkenntnis der Gegenwart ist gleich mit der Größe der Gruppe von Menschen, die in der Absicht vereint sind, Jesus mit ihrem Lob zu erhöhen.

Manchmal wird Gott uns nur gestatten, Seine Gegenwart in einer Menschenmenge zu erkennen. Das hat nichts mit Ablehnung zu tun. Er sehnt sich nur danach, dass wir Seine Freude im Ganzen teilen.

Eine persönliche Geschichte aufbauen

Über die Jahre hinweg sind viele zu mir gekommen und haben mich um ein Gebet der Anteilgabe gebeten. Das ist die Freisetzung einer Dienstgabe durch Handauflegung, oftmals gefolgt von einer Prophezeiung. Es ist ein großes Vorrecht des Lebens, zu sehen, wie Gott sowohl ihren Hunger als auch die Salbung auf meinem Leben benutzt, um ein weiteres williges Gefäß zu berühren. Und während diese Übertragung in den letzten Jahren zu Recht immer wichtiger geworden ist, ist es für manche zu einer Art Abkürzung zur Reife geworden, die eigentlich nur durch treuen Dienst über einen längeren Zeitraum hinweg entwickelt werden kann. Wir, die in dieser Kultur der sofortigen Befriedigung aufgewachsen sind, bevorzugen es fast immer, unmittelbar eine Antwort zu bekommen. Wir vergessen manchmal: Geschenke sind umsonst, Reife ist teuer.

Ich glaube, dass es ein ganz erstaunliches Vorrecht ist, Gaben weiterzugeben und zu empfangen. Doch wie viele andere, habe auch ich gesehen, wie das missbraucht wurde. Dieser Missbrauch ist wahrscheinlich der Grund dafür, dass viele in der Generation meiner Eltern das Konzept des Gaben weitergebens völlig ablehnten. Doch die Zeugnisse dieses großartigen Prinzips bringen eine Frucht zur Ehre Gottes hervor, die nicht verleugnet werden kann. Es ist ein großer Schlüssel zum persönlichen Durchbruch, wenn man lernt, wie man Zugang zu der großen Salbung auf dem Leben einer anderen Person bekommen kann.

Die Freisetzung einer Gabe durch Handauflegung ist allein Gottes Werk. Wir sind kein Warenautomat, in den man seine Bitte einwirft, einen Knopf drückt und der dann die gewünschte Gabe ausspuckt. Oft sagen mir die Leute, dass sie das Doppelte von dem haben wollen, was ich habe. Das hätte ich auch gern! Wenn das so einfach wäre, würde ich mir selbst die Hände auflegen und beten: „Verdopple es!“ Seit kurzem sage ich den Leuten: „Ich kann Ihnen die Hände auflegen und Ihnen eine Salbung auf Ihr Leben übertragen, so Gott will. Aber ich kann Ihnen nicht meine Geschichte mit Gott weitergeben.“

Es gibt etwas Unbezahlbares im Leben einer Person, das um jeden Preis weitergeführt und bewahrt werden muss: unsere persönliche Geschichte mit Gott. Wenn Sie mit Gott Geschichte schreiben, schreibt Er Geschichte durch Sie. Diese Geschichte entsteht, wenn keiner zusieht – sie zeigt, wer wir sind, wenn wir alleine sind. Das wiederum zeigt sich im Schrei unseres Herzens, wie wir denken, was wir beten und wie wir Gott selbst wertschätzen. Unser Leben wird geformt, wenn niemand da ist, der wegen unserer Opfer oder Bemühungen applaudiert.

Das sind die Augenblicke, in denen wir am meisten darüber lernen, Träger Seiner Gegenwart zu sein. Wenn niemand da ist, für den wir beten und dem wir dienen können, werden die Beziehungsgrenzen zwischen Gott und uns abgesteckt. Bin ich nur deswegen dabei, weil Gott mich benutzen kann, oder bin ich hingegeben, weil Er Gott ist und es keine größere Ehre im Leben gibt? Jesus hatte Seine Begegnung mit dem Heiligen Geist bei Seiner Taufe. Eine Menschenmenge sah dabei zu. Wahrscheinlich hatten nur wenige – wenn überhaupt jemand – eine Ahnung, was da passierte. Doch nachts auf dem Berg, als keiner zusah, hatte Er Seine größten Durchbrüche. Die Geschichte wurde in Ihm geschrieben, bevor Geschichte durch Ihn geschrieben wurde. Er liebte den Vater, bevor Er den Vater offenbaren konnte.

11

Feuertaufe

Johannes der Täufer war der größte aller alttestamentlichen Propheten. Seine Verantwortung, seine Salbung und seine Stellung in der Geschichte brachten ihn an die Spitze der Liste. Jesus machte in Matthäus 11 in Seiner bemerkenswerten Bestätigung von Johannes auf diese Tatsache aufmerksam. Über die Hälfte des Kapitels wurde ihm zur Ehre gewidmet.

Johannes hatte vieles, das für ihn sprach: Er wandelte im Geist und in der Kraft Elias. Er beendete das Schweigen des Himmels mit seinem Schrei, dass das Himmelreich nah herbeigekommen ist, und er hatte das Vorrecht, den Weg für den Messias vorzubereiten. Doch laut Johannes selbst fehlte ihm eine wesentliche Zutat: Jesu Taufe.

Dieser Wunsch kam zum Vorschein, als Jesus zu Johannes kam, um im Wasser getauft zu werden. Johannes hatte Probleme damit klarzukommen, dass er Ihn taufen sollte, da Jesus ja nicht derjenige war, der etwas von ihm brauchte. Johannes sah seine Bedürftigkeit in dem überwältigenden Kontrast zu Jesu Perfektion. Er bekannte sein Verlangen mit: *„Eigentlich müsste ich mich von Dir taufen lassen." (Johannes 3,14)* Interessanterweise passierte all das genau nachdem Johannes prophezeit hatte: *„Er wird euch mit dem Heiligen Geist und mit Feuer taufen." (Johannes 3,11)* Es war noch frisch in seinem Gedächtnis. Das ist der Kontext für sein Bekenntnis. Johannes brauchte und wünschte sich die Taufe mit Feuer, die Taufe mit dem Heiligen Geist. Diese eine grundlegende Gabe macht es möglich, dass *„noch der Geringste im Himmelreich größer als er" (Matthäus 11,11)* ist. Johannes hatte keinen Zugang zu dieser Taufe. Und doch macht es eben diese Taufe jedem neutestamentlichen Gläubigen möglich, größer zu sein als der größte Prophet des Alten Testaments. Das ist Feuer auf einer ganz neuen Ebene. Und dieses Feuer ist Seine Gegenwart.

Der Schirm der Gnade

Jesus brachte die Jünger in die Autorität und Vollmacht hinein, in der Er lebte. Wie schon weiter oben angemerkt, arbeiteten sie unter dem Schirm Seiner Erfahrung und wurden als Ergebnis davon zum Dienst beauftragt. Doch bevor Er die Erde verließ um an der rechten Seite Seines Vater zu leben, stellte Er sicher, dass die Jünger wussten, dass der Bereich, in dem sie nun dreieinhalb Jahre lang mit Ihm gelebt haben, für die Zukunft niemals ausreichen würde. Sie mussten ihre eigene Vollmacht und Autorität bekommen.

In Matthäus 28 finden wir den vollständigsten und bekanntesten Abschnitt über den Missionsbefehl:

> *Mir ist alle Macht im Himmel und auf der Erde gegeben. Darum geht zu allen Völkern und macht sie zu Jüngern. Tauft sie im Namen des Vaters und des Sohnes und des Heiligen Geistes und lehrt sie, alle Gebote zu halten, die ich euch gegeben habe. Und ich versichere euch: Ich bin immer bei euch bis ans Ende der Zeit. (Matthäus 28,18-20)*

Darin verkündet Jesus, dass Er alle Autorität hat, was offensichtlich bedeutet, dass der Teufel keine hat. In diesem Augenblick gibt Er Seinen Nachfolgern einen Auftrag. Das Geheimnis dieses Augenblicks ist, dass ihnen mit dem Auftrag Autorität verliehen wird. Er weist sie dann an, in Jerusalem zu bleiben, bis sie mit Kraft aus der Höhe bekleidet wurden.

Genauso, wie Autorität mit dem Auftrag kommt, kommt Vollmacht mit der Begegnung. Wir sehen das im Leben Jesu, und bei Seinen Jüngern ist es genauso. Und bei uns heute ist es auch nicht anders. Ausbildung, Studium oder die Verbindung mit den richtigen Personen können nichts bewirken, was diese eine Sache wettmacht. Es gibt nichts, was eine göttliche Begegnung ersetzen könnte. Jeder muss seine eigene haben.

Tragischerweise schrammen viele knapp an einer göttlichen Begegnung vorbei, weil sie sich mit einer guten Theologie zufrieden geben. Wenn ein Konzept einmal in der Schrift entdeckt wurde, kann es mit anderen geteilt werden, obwohl es keine persönliche Erfahrung gibt, die es bestätigt. Wahres Lernen kommt jedoch durch die Erfahrung, nicht durch das Konzept an sich. Manchmal machen wir uns schuldig, indem wir nur danach trachten, dass uns etwas passiert, das zu unserer Liste von Vorstellungen passt, was eine „biblische" Begegnung mit Gott ausmacht. Die Listen verschiedener Erfahrungen mit Gott, die wir in der Bibel entdecken, beinhalten Gott nicht – sie offenbaren Ihn. Mit anderen Worten: Er ist größer als Sein Buch, und Er ist nicht darauf beschränkt, etwas für uns auf genau die gleiche Weise zu tun, wie Er es für jemand anders getan hat. Er ist immer noch jedes Mal kreativ, wenn Er das Wunder offenbart, wer Er ist.

Viele erkennen nicht, dass in dieser Suche nach mehr eine Hingabe an Gott erforderlich ist, die etwas anzieht, das nicht erklärt, kontrolliert oder verstanden werden kann. Wir müssen Ihn erleben, der in jeder Hinsicht größer ist als wir, bis Er Seine Spuren bei uns hinterlässt. Das ist wunderbar, herrlich und beängstigend.

Meine Geschichte – herrlich, aber nicht angenehm

Bei meiner persönlichen Suche nach mehr Kraft und Salbung in meinem Dienst habe ich viele Städte bereist, unter anderem Toronto. Gott hat meine Erfahrungen an diesen Orten dazu benutzt, mich auf lebensverändernde Begegnungen zu Hause vorzubereiten.

Einmal kam Gott mitten in der Nacht, um meine Gebete nach mehr von Ihm zu beantworten, jedoch nicht so, wie ich es erwartet habe. Ich wachte aus dem Tiefschlaf auf und war plötzlich hellwach. Eine unbeschreibliche Kraft begann durch meinen Körper zu strömen. Es schien als ob ich knapp dem Tod durch einen Stromschlag entkam. Es war, wie wenn ich in eine Steckdose eingesteckt worden war und der Strom jetzt mit 1000 Volt durch meinen Körper floss. Meine Arme und Beine schnellten mit einer stillen Explosion zur Seite, wie wenn etwas durch meine Hände und Füße freigesetzt worden war. Je mehr ich versuchte es aufzuhalten, desto schlimmer wurde es.

Mir wurde schnell klar, dass dies kein Wrestling-Kampf war, den ich gewinnen würde. Ich hörte keine Stimme und hatte auch keine Visionen. Es war ganz einfach das Erlebnis, das mich in meinem Leben am meisten überwältigt hat. Es war eine raue Kraft – es war Gott. Er kam als Antwort auf ein Gebet, das ich monatelang gebetet hatte: „Gott, ich muss um jeden Preis mehr von Dir haben!“

Der Abend davor war herrlich gewesen. Wir führten Veranstaltungen mit einem guten Freund und Propheten durch, Dick Joyce. Das war im Jahr 1995. Am Ende der Veranstaltung betete ich für einen Freund, der Schwierigkeiten damit hatte, Gottes Gegenwart zu erleben. Ich sagte ihm, dass ich spürte, dass Gott ihn mit einer Begegnung überraschen würde, die mitten am Tag, aber auch um 3 Uhr nachts kommen konnte. Als die Kraft in dieser Nacht auf mich fiel, schaute ich auf die Uhr. Es war genau drei. Ich wusste, dass ich darauf vorbereitet worden war.

Seit Monaten hatte ich Gott darum gebeten, mir mehr von Ihm zu geben. Ich war mir nicht sicher, wie man richtig dafür betet, und ich verstand auch nicht die Lehre, die hinter meiner Bitte steckte. Ich wusste nur, dass ich hungrig nach Gott war. Es war mein ständiger Schrei, bei Tag und bei Nacht.

Dieser göttliche Augenblick war herrlich, aber nicht angenehm. Zunächst schämte ich mich, obwohl ich der einzige war, der wusste, in welchem Zustand ich mich befand. Als ich so dalag, hatte ich ein inneres Bild davon, wie ich vor meiner Gemeinde stand und das Wort predigte, was ich liebte. Doch ich sah mich mit wild rudernden Armen, wie wenn ich ernsthafte körperliche Probleme hätte. Szenenwechsel: Ich ging die Hauptstraße unserer Stadt entlang und stand vor meinem Lieblingsrestaurant, wieder bewegten sich meine Arme und Beine völlig unkontrolliert.

Ich konnte mir nicht vorstellen, dass mir irgendjemand glauben würde, dass das von Gott kam. Ich erinnerte mich an Jakob und seine Begegnung mit dem Engel des Herrn. Er hinkte für den Rest seines Lebens. Und dann war da Maria, die Mutter Jesu. Sie hatte eine Erfahrung mit Gott, die ihr nicht einmal ihr Verlobter abnahm (wobei der Besuch eines Engels dann dazu beitrug, dass er seine Meinung änderte). Als Folge davon gebar sie das Christuskind – und wurde dann für den Rest ihres Lebens als die Mutter des unehelichen Kindes abgestempelt. Es wurde deutlich: Die Gunst Gottes sieht aus irdischer Perspektive manchmal anders aus als aus himmlischer. Meine Bitte nach mehr von Gott hatte ihren Preis.

Mein Kopfkissen begann sich mit Tränen vollzusaugen, als ich mich an die Gebete der vergangenen Monate erinnerte und sie mit den Szenen verglich, die mir gerade durch den Kopf gegangen waren. Im Vordergrund stand die Erkenntnis, dass Gott einen Tausch machen wollte:

Seine zunehmende Gegenwart gegen meine Würde. Es ist schwer zu erklären, wie man den Sinn einer solchen Begegnung erkennt. Ich kann nur sagen, dass man es einfach weiß. Man erkennt Seine Absicht so deutlich, dass alle anderen Realitäten im Schatten verschwinden, während Gott Seinen Finger auf die eine Sache legt, die Ihm wichtig ist.

Inmitten der Tränen kam ich an einen Punkt, an dem es kein Zurück mehr gab. Ich ergab mich freudig und schrie: „Mehr, Gott! Mehr! Ich muss um jeden Preis mehr von Dir haben! Und wenn ich allen Respekt verliere, doch im Gegenzug Dich bekomme, dann gehe ich diesen Tausch gerne ein. Gib mir nur mehr von Dir!"

Die Stromstöße ließen nicht nach. Sie gingen die ganze Nacht über weiter, und ich weinte und betete: „Mehr, Herr, mehr! Bitte gib mir mehr von Dir!" Das Ganze hörte um 6.38 Uhr auf, und ich stand völlig erfrischt aus dem Bett auf. Dieses Erlebnis ging die beiden darauffolgenden Nächte weiter und begann jeweils nur wenige Augenblicke, nachdem ich ins Bett ging.

Extreme

Gott hat über die Jahre hinweg viele interessante Begegnungen mit Seinem Volk gehabt. Es wäre ein Fehler, eine davon als Maßstab für alle anderen zu nehmen. Die zwei Begegnungen mit Gott, die mein Leben am meisten verändert haben, könnten unterschiedlicher gar nicht sein. Weiter oben habe ich die Geschichte erzählt, wie ich in Seiner Gegenwart unter Strom gesetzt wurde. Die andere war so dezent, dass man sie genauso leicht hätte verpassen können. Doch ich nahm sie wahr, weil ich näher herankam. In der Bibel steht: *„Als der Herr sah, dass Mose herankam (…) rief Er ihn." (2. Mose 3,4)* Mein brennender Busch war eine Bibelstelle, die der Heilige Geist für mich hervorhob. Ich hielt inne und dachte darüber nach, was Gott mir damit sagen wollte. Das war im Mai 1979, und ich war von da an nicht mehr derselbe. Es fing klein an, wie ein Samen. Doch es wurde immer größer und hat mich enorm darin beeinflusst, wie ich denke und lebe. (Es war Jesaja 60,1-19, wo Gott mir den Zweck und das Wesen der Gemeinde zeigte.)

Ihre Begegnung mit Gott mag in mir eine heilige Eifersucht wecken. Es ist nicht gesund, das zu beurteilen, was Gott in mir getan hat, indem ich es mit dem vergleiche, was Er für Sie getan hat. Bei dem Stromschlag-Erlebnis, das ich oben beschrieben habe, wusste ich nicht, ob ich je wieder aus dem Bett kommen würde. Es schien mir, als ob mein Kreislauf durchgebrannt war und ich die Fähigkeit verloren hatte, im Leben als normaler Mensch zu funktionieren. Das war natürlich nicht der Fall. Doch das habe ich erst im Nachhinein erfahren, nachdem ich ja gesagt hatte zu „mehr um jeden Preis".

Es geht nicht darum, wie extrem eine Begegnung mit Gott ist. Es zählt, wie sehr Er uns in der Erfahrung ergreift, und welches Maß Seiner Gegenwart Er uns anvertrauen kann. Jesus zeigte als Mensch einen Lebensstil, der äußerst praktisch war und nicht mehr länger umgangen oder als unerreichbar angesehen werden kann. Es ist möglich, die Gegenwart des Heiligen Geistes so gut zu tragen, dass der Vater diesem verwaisten Planeten offenbart wird. Das stillt das Verlangen nach einer göttlichen Bestimmung ziemlich gut. Als Jesus uns in Johannes 20,21 beauftragte, hatte Er im Sinn, dass wir genau das tun sollten, was Er tat.

Konzentration lernen

Psalm 37 ist einer meiner Lieblingspsalmen. Ich schlage ihn oft auf, um mich immer wieder von ihm zu ernähren. Ich entdeckte darin, dass auf den Herrn zu warten etwas ziemlich Anderes bedeutete als das, was ich ursprünglich gedacht habe. Warten heißt nicht still dasitzen. Es heißt vielmehr dem aufzulauern, der versprochen hat: *„Ich werde mich von euch finden lassen." (Jeremia 29,14)* Er will sich von uns finden lassen, doch wir müssen Ihn dort suchen, wo man Ihn finden kann. Dann kommen wir an einen Ort der Ruhe, der der Überzeugung und dem Wissen darüber entspringt, wer Er in uns ist und wer wir in Ihm sind. Aus diesem Grund ergibt das Warten Sinn. In Psalm 37,7 steht: *„Sei ruhig in der Gegenwart des Herrn und warte, bis Er eingreift."* Dieses Ausruhen ist ein schönes Bild davon, dass Menschen nicht mehr den Druck verspüren, sich anstrengen zu müssen um sich selbst etwas zu beweisen. Sie fühlen sich wohl in ihrer Haut. (Bevor wir gerettet werden, spielen wir anderen etwas vor um eine Identität zu erlangen, mit der wir akzeptiert werden. Nachdem wir gerettet worden sind, finden wir heraus, dass wir schon angenommen sind und das macht unsere Identität aus. Aus dieser Realität folgt dann unser Verhalten.)

Im Englischen steht: Warte geduldig. „Geduldig" hat zwei Bedeutungen: „Geburtswehen" oder „beim Tanz durch die Luft wirbeln". Beide dieser Aktivitäten erfordern unglaubliche Konzentration und Stärke. Wir sollen mit unnachgiebiger Entschlossenheit und Konzentration auf Gott warten, so wie Jakob es tat, als er mit dem Engel kämpfte. Das gleiche kann man über Elisa sagen, als er um Elias Mantel rang.

Es gibt Zeiten im Leben, in denen es nicht nur in Ordnung ist, an vielen verschiedenen Aktivitäten beteiligt zu sein, sondern sogar gut. Aber es gibt auch Zeiten, in denen es tödlich ist. Einmal fuhr ich auf der Autobahn 5 von Nordkalifornien nach Südkalifornien. Südlich von Bakersfield kam ich in einen Staubsturm hinein, der mir fast völlig die Sicht nahm. Der Staub bedeckte die gesamte Autobahn. Es kamen Autos direkt hinter mir, und ich wusste, dass es verheerend sein konnte, jetzt anzuhalten. Als ich in diese Staubwolke hineinkam, konnte ich schwach erkennen, wie Autos und Lastwagen auf beiden Seiten der Autobahn wild durcheinander standen und Leute wie wahnsinnig winkten. Es ist in Ordnung, sich beim Fahren mit Freunden zu unterhalten, Musik zu hören oder ähnliches, doch in diesem Moment hätte das tödlich sein können. Völlige Stille erfüllte das Auto, als ich versuchte, meine Geschwindigkeit zu halten und mich auf die Fahrbahn vor mir zu konzentrieren. Nach ein oder zwei Minuten schafften wir es durch diese beängstigende Todeswolke hindurch, aber nur durch Gottes Gnade.

Intensive Konzentration schränkt das ein, was Sie sehen wollen und können. Diese Herangehensweise wird Sie zwar davon abhalten, manche Dinge zu sehen, doch sie wird Ihnen auch die Augen für mehr von dem öffnen, wonach Sie hungern. Selbstbeherrschung ist nicht die Fähigkeit, zu tausend anderen Stimmen nein zu sagen. Es ist die Fähigkeit, zu der einen Sache so gänzlich ja zu sagen, dass nichts mehr für die anderen Dinge übrigbleibt.

Der Heilige Geist ist unser größtes Geschenk und muss zu unserem alleinigen Fokus werden. In diesem Sinne ist jeder von uns zur Zielscheibe für eine besondere Begegnung mit Gott geworden, die unsere Bestimmung auf dem Planeten Erde neu definiert. Es ist die Feuertaufe. Wir sind zum Brennen geboren. Und obwohl durchaus die Gefahr besteht, dass wir unsere Aufmerksamkeit mehr auf das Erlebnis anstatt auf die Person richten, ist es dieses Risiko wert. Keine Wunder, Erkenntnisse oder persönlicher Erfolg können je dem Schrei des Herzens nach dieser Taufe gerecht werden. Viele würden die Taufe gern einfach hinter sich bringen, doch oftmals beinhaltet es einen tiefgreifenden Prozess. Für die Hundertzwanzig waren es zehn Tage anhaltenden Gebets. Für mich war es ein Zeitraum von acht Monaten, in dem meine Gebete mich aufweckten. Ich wachte nicht auf um zu beten. Ich wachte auf, weil ich betete.

Solch eine ungeteilte Konzentration wird belohnt. Ich persönlich glaube nicht, dass diese Begegnungen ein einmaliges Ereignis sein sollten. Wir brauchen häufige Begegnungen mit Gott, die unsere Herzen wieder neu ausrichten, damit uns immer mehr von Gott anvertraut wird.

Was eine Person wertschätzt, das wird sie beschützen. Gott wird uns Seine Gegenwart in dem Maße geben, wie wir gewillt sind, sie sorgfältig zu hüten.

Historische Begegnungen

Als Jesus zwei Männern auf dem Weg nach Emmaus begegnete, öffnete Er die Schrift um zu erklären, warum der Christus sterben musste. Sie wussten zwar noch nicht, wer Er war, doch sie baten Ihn, zum Essen zu bleiben. Als Er das Brot brach, wurden ihnen die Augen geöffnet, und dann verschwand Er. Ihre Antwort ist einer meiner Lieblingsverse in der ganzen Bibel: *„War es uns nicht seltsam warm ums Herz, als Er unterwegs mit uns sprach und uns die Schrift auslegte?" (Lukas 24,32)* Genau das passiert mit mir, wenn ich lese, was eben dieser Jesus im Leben derer getan hat, die sich selbst für mehr hingegeben haben. Mir wird warm ums Herz.

Unten erzähle ich ein paar Geschichten von Menschen und ihren Zeiten mit Gott. Sie sind nur eine kleine handvoll aus der Menge der tausenden, die erzählt werden sollten.

Dwight L. Moody

Einige Monate später, als Dwight die Straßen von New York entlang lief, erlebte er endlich den Durchbruch, für den Sarah Cooke und er zusammen gebetet hatten. Das war kurz vor seiner zweiten und wichtigsten Reise nach England. R.A. Torrey hatte folgendes über diesen bemerkenswerten Fortschritt in Moodys Leben zu sagen:

> Kurze Zeit später, als er auf dem Weg nach England war, ging er die Wall Street in New York entlang. (Mr. Moody hat das nur sehr selten erzählt, und ich zögere auch etwas, es zu tun.) Und inmitten der Geschäftigkeit und Hetze dieser Stadt wurde sein Gebet beantwortet. Die Kraft Gottes fiel auf ihn, als er die Straße entlang ging,

und er musste sich beeilen, um das Haus eines Freundes zu erreichen. Er bat ihn um ein Zimmer, wo er alleine sein konnte. In diesem Zimmer blieb er stundenlang alleine. Der Heilige Geist kam auf ihn und erfüllte seine Seele mit solch einer Freude, dass er Gott am Ende bitten musste, Seine Hand von ihm zu nehmen, weil er sonst auf der Stelle vor lauter Freude sterben würde. Er verließ diesen Ort mit der Kraft des Heiligen Geistes auf ihm. Als er nach London kam, wirkte die Kraft Gottes durch ihn stark im Norden Londons, und Hunderte kamen zu den Gemeinden dazu. Und das führte dazu, dass er für die wunderbare Aktion eingeladen wurde, die in späteren Jahren stattfand.

Dwight beschreibt das Erlebnis folgendermaßen:

„Ich schrie die ganze Zeit danach, dass Gott mich mit Seinem Geist füllen sollte. Eines Tages in der Stadt New York – Oh, was für ein Tag! - ich kann es gar nicht beschreiben und nur selten darauf Bezug nehmen. Dieses Erlebnis ist fast zu heilig um es auch nur zu nennen. Paulus hatte ein Erlebnis, über das er 14 Jahre lang nicht geredet hat. Ich kann nur sagen, dass Gott sich mir offenbart hat, und dass ich Seine Liebe so stark erlebte, dass ich Ihn bitten musste, Seine Hand von mir zu nehmen. Ich ging wieder predigen. Die Predigten hatten sich nicht verändert. Ich stellte keine neuen Wahrheiten vor, und doch bekehrten sich Hunderte. Ich würde nie dahin zurückkehren, wo ich vor diesem gesegneten Erlebnis war, auch wenn Sie mir die ganze Welt geben würden – sie wäre im Vergleich dazu nur etwas Staub."

Evan Roberts

Evan hatte eine Zeitlang eine innigere Beziehung mit dem Herrn gesucht und auch gefunden. William Davies, ein Diakon in der Moriah Chapel, hatte dem jungen Evan geraten, nie die Gebetstreffen auszulassen, für den Fall, dass der Heilige Geist kam und er dann fehlte. Also nahm Evan treu an den Gebetstreffen teil: montags bei Moriah, dienstags bei Pisgah, mittwochs bei Moriah und donnerstags und freitags bei anderen Gebetstreffen und Bibelstunden. Er tat das 13 Jahre lang und betete treu für eine mächtige Heimsuchung des Heiligen Geistes.

Im Frühling 1904 befand sich Evan eines morgens vor der Schule in etwas, das er später als „Berg der Verklärung-Erlebnis" bezeichnete. Der Herr offenbarte sich ihm auf solch erstaunliche und überwältigende Weise, dass Evan von göttlicher Ehrfurcht erfüllt wurde. Danach ging er durch Zeiten unkontrollierten Zitterns, was seine Familie sehr besorgte. Wochenlang besuchte Gott Evan jede Nacht. Wenn ihn seine Familie dazu drängte, ihnen von den Erlebnissen zu erzählen, sagte er nur, es sei etwas Unbeschreibliches. Als die Zeit kam, dass er die Oberschule in New Castle Emlyn besuchen sollte, hatte er Angst dorthin zu gehen, weil er fürchtete, diese Begegnungen mit dem Herrn zu verpassen.

In dieser Zeit wurde in Blaenanerch, wenige Meilen von seiner Schule entfernt, eine Versammlung abgehalten.

Ein Evangelist namens Seth Joshua leitete die Veranstaltungen. Am Donnerstagmorgen, den 29. September 1904, nahmen Evan Roberts und 19 andere junge Leute an der Veranstaltung teil. Unter ihnen war auch sein Freund Sydney Evans. Auf dem Weg zur Veranstaltung bewegte der Herr die kleine Gemeinschaft und sie begannen zu singen: „Sie kommt, sie kommt, die Kraft des Heiligen Geistes. Ich empfange sie, ich empfange sie, die Kraft des Heiligen Geistes."

Bei der Veranstaltung um 7 Uhr wurde Evan tief berührt, und am Ende des Gottesdienstes brach er völlig zusammen. Als Seth Joshua die Worte „Beuge uns, Herr!" benutzte, kam Evan in solche Wehen hinein, dass er nichts mehr hörte. Später bezeugte er, dass der Geist Gottes ihm zuflüsterte: „Das brauchst du."

„Beuge mich, oh Herr!", schrie er. Doch das Feuer fiel nicht. In der 9 Uhr-Veranstaltung wirkte der Geist der Fürbitte mit großer Kraft über der Versammlung. Evan brach in Gebet aus. Dann sagte der Geist Gottes ihm, er solle es öffentlich machen. Die Tränen strömten sein Gesicht hinunter, als Evan einfach anfing zu rufen: „Beuge mich! Beuge mich! Beuge mich! Beuge uns!" Dann kam der Heilige Geist mit einer mächtigen Taufe auf ihn, die Evan mit der Liebe von Golgatha und mit Liebe für Golgatha erfüllte. An diesem Abend wurde die Botschaft des Kreuzes so in Evans Herz eingebrannt, dass es bei der großen Erweckung, die er bald mit leitete, kein anderes Thema gab. Von diesem Abend an konnte sich Evan Roberts nur noch auf einen Gedanken konzentrieren: die Errettung von Seelen. Historiker nennen diesen Abend „Das große Treffen von Blaenanerch".

Kurze Zeit danach kam Evans Zimmermitbewohner und engster Freund Sydney Evans einmal um Mitternacht ins Zimmer und sah, wie Evans Gesicht von einem heiligen Licht erleuchtet war. Erstaunt fragte er, was passiert war. Evan antwortete, dass er gerade in einer Vision gesehen hatte, wie ganz Wales in den Himmel aufgehoben wurde. Dann prophezeite er: „Wir werden die mächtigste Erweckung sehen, die Walker je miterlebt hat, und der Heilige Geist kommt jetzt. Wir müssen uns vorbereiten. Wir brauchen eine kleine Band und müssen im ganzen Land predigen." Plötzlich hielt er inne und rief mit durchbohrendem Blick: „Glaubst du, dass Gott uns 100000 Seelen geben kann, und zwar jetzt?"

Die Gegenwart des Herrn ergriff Sydney so, dass er nicht anders konnte, als zu glauben. Als er später in einer Kapelle saß, sah Evan in einer Vision einige seiner alten Kameraden und viele andere junge Leute, als eine Stimme zu ihm sprach und sagte: „Geh zu diesen Leuten!" Er sagte: „Herr, wenn es Dein Wille ist, gehe ich." Dann wurde die ganze Kapelle von so einem grellen Licht erfüllt, dass er den Pastor auf der Kanzel nur noch schwach erkennen konnte. Er war zutiefst verwirrt und wollte sicher sein, dass diese Vision vom Herrn war. Er beriet sich mit seinem Tutor, der ihn dazu ermutigte zu gehen.

Mel Tari

Mitte der 60er-Jahre saß Tari in seiner presbyterianischen Kirche, als die Leute beteten und plötzlich der Heilige Geist an diesem Ort einschlug. Alle begannen deutlich zu hören, wie das Geräusch eines mächtigen Sturms den

Raum erfüllte. Der Feueralarm des Dorfes wurde ausgelöst, und die örtlichen Feuerwehrmänner kamen zu dem Gebäude geeilt. Die Kirche war von Flammen bedeckt, doch sie brannte nicht. An diesem Tag wurden viele gerettet. Was mit ein paar Dutzend Menschen begonnen hatte, ging weiter und beeinflusste die ganze Welt.

Die Propheten der Cevennen

(17. Jahrhundert) Die Propheten der Cevennen in Frankreich sind eine interessante Fallstudie über gemeinsame Ausgießungen des Heiligen Geistes. Gott begann eine Erweckung in den Cevennen, als die 16jährige Isabeau Vincent im Jahre 1688 Ekstasen erlebte, in denen sie zitterte und in Ohnmacht fiel, Schriftstellen zitierte, die sie nicht kannte, und prophezeite. Manchmal sang oder predigte sie im Schlaf. Sie beeinflusste viele und führte sie zur Buße. Dutzende Menschen in ihrem Dorf wurden mit einer prophetischen Begabung angesteckt, und als die Neuigkeit sich verbreitete, strömten die Besucher in diese Gegend. Viele in den Cevennen hatten Engelvisionen, und manchmal wurden sie durch Lichter am Himmel zu geheimen Treffen geleitet. Spezifische Worte der Erkenntnis waren etwas Gewöhnliches und alle wurden von einem Durst nach Heiligkeit ergriffen. Die Menschen begannen zu beten und zu fasten, und ihre Treffen wurden von einer außergewöhnlichen Spontaneität sowie überschwänglichem und beweiskräftigem Lobpreis geprägt. Auf den Gläubigen zeigten sich auch körperliche Manifestationen der Gegenwart Gottes.

Die Herrnhuter

Die Herrnhuter aus Sachsen waren eine Gruppe von 300 Flüchtlingen, die auf dem Anwesen des Grafen Nikolaus von Zinzendorf lebten, als 1727 die große Ausgießung des Heiligen Geistes kam. „Wir sahen die Hand Gottes und Seine Wunder, und unter der Wolke unserer Väter wurden wir alle mit ihrem Geist getauft. Der Heilige Geist kam auf uns und es passierten damals große Zeichen und Wunder in unserer Mitte. Von dieser Zeit an verging kaum ein Tag, an dem wir nicht Seine allmächtigen Taten unter uns sahen."

George Whitefield

Whitefield war eine der Hauptpersonen in der großen Erweckung, die mit Jonathan Edwards anfing. In seinen Missionen wurden viele gerettet, und es wird geschätzt, dass er zu sechs Millionen Menschen gepredigt hat, ohne die Hilfe von Radio oder Fernsehen. Whitefields Veranstaltungen wurden für ihren emotionalen Ausdruck im Lobpreis kritisiert. John Wesley beschreibt ein Gebetstreffen mit Whitefield im Jahr 1739, in dem der Heilige Geist sie berührte: „Um etwa 3 Uhr morgens, als wir immer noch im Gebet ausharrten, kam die Kraft Gottes mächtig über uns, so dass viele aus überschwänglicher Freude schrien und viele zu Boden fielen. Sobald wir uns etwas von der Ehrfurcht und dem Erstaunen über die Gegenwart Seiner Majestät erholt hatten, brach es einstimmig aus uns hervor: ‚Wir preisen Dich, oh Gott. Wir erkennen Dich als Herrn an.'" Sie müssen verstehen, dass wir hier nicht davon sprechen, die Erlebnisse mit Gott durch aufgebauschtes Streben oder emotionale Bemühungen auszuschmücken. Es geht um die plötzlichen, unbestreitbaren Überraschungen Seiner Hoheit.

William Seymour

Als der Geist in Los Angeles zu fallen begann, wurden die Leute radikal erfüllt und gingen in Zungen redend auf die Straßen hinaus. Bei einer Hausversammlung begann die Menge zu wachsen, die Seymour bei einer Gastfamilie abhielt. Binnen Kurzem predigten sie von der Veranda, und die Leute füllten die Straßen, um ihnen zuzuhören. Irgendwann zogen sie dann in einen alten Pferdestall in der Azusa Street 312 um. In diesem Stall wurde im Jahr 1906 offiziell die Pfingstbewegung geboren.

Die Leute kippten um und weinten. Sie redeten in Zungen. Sie lachten, zuckten zusammen, tanzten und riefen. Sie warteten stundenlang auf den Herrn, manchmal ohne ein Wort zu sagen. Seymour predigte oft auf den Knien.

„Es war unmöglich, dass jemand all die Wunder aufschrieb, die dort passierten", schreibt der charismatische Historiker Roberts Liardon. John G. Lake sagte über Seymour: „Er hatte mehr von Gott in sich als irgendjemand, den ich bis zu diesem Zeitpunkt je getroffen hatte."

Das Gebet hielt den ganzen Tag und die ganze Nacht über an. Es wurden sogar Feuerwehrmänner in die Azusa Street geschickt, weil Leute ein „Feuer" gesehen haben. Es war eigentlich nur die sichtbare Herrlichkeit Gottes, die auf der Außenseite des Gebäudes ruhte. Ähnliche Dinge sind in einigen Erweckungen vorgekommen, wie bei der Erweckung in Indonesien, wie es Mel Tari in den 70ern berichtete, wo die Feuerwehrleute auch zu einem „Herrlichkeitsfeuer" geschickt wurden, das für alle Umstehenden sichtbar war.

Missionare aus der ganzen Welt fingen an, in die Azusa Street zu kommen um das Feuer abzubekommen. Schon einige Häuserblocks von dem Gebäude entfernt fielen die Leute um, wurden gerettet und fingen an in Zungen zu reden, obwohl niemand für sie gebetet hatte und sie auch keine Ahnung davon hatten, was in der Azusa Mission vor sich ging. Die Gemeindemitglieder gingen auch mit kleinen Ölfläschchen durch die Straßen und klopften an die Türen, um für die Kranken zu beten.

Seymour war vor allem anderen daran interessiert, in seinen Veranstaltungen die Gegenwart Gottes zu pflegen. Wenn sich jemand entsprechend geleitet fühlte, stand er auf und begann zu beten oder zu predigen. Wenn die Salbung scheinbar nicht auf dem betreffenden Sprecher war, bekam er manchmal einen leichten Klaps auf die Schulter, um ihm zu bedeuten, er solle schweigen. Der Geist Gottes war wirklich der Leiter dieser Treffen.

John G. Lake

Eines Nachmittags rief mich ein Bruder im Dienst an und lud mich ein, ihn bei einem Besuch bei einer kranken Dame zu begleiten. Als wir in ihrem Zuhause ankamen, fanden wir die Dame im Rollstuhl vor. All ihre Gelenke waren von entzündlichem Rheuma betroffen. Sie befand sich seit zehn Jahren in diesem Zustand. Während mein

Freund sich mit ihr unterhielt und sie darauf vorbereitete, dass wir für sie beten würden, damit sie geheilt würde, saß ich in einem tiefen Sessel auf der gegenüberliegenden Seite des großen Zimmers. Meine Seele schrie zu Gott, mit einem Verlangen, das zu tief ist um es in Worte zu fassen. Plötzlich schien es mir, als stünde ich unter einer Dusche mit warmem, tropischem Regen, der aber nicht auf mich fiel, sondern durch mich hindurch ging. Mein Geist, meine Seele und mein Körper wurden unter diesem Einfluss in solch eine tiefe, stille Ruhe versetzt, wie ich es noch nie erlebt hatte. Mein Gehirn, das immer so aktiv gewesen war, wurde vollkommen still. Eine Ehrfurcht gegenüber der Gegenwart des Herrn machte sich über mir breit. Ich wusste, dass es Gott war.

Es vergingen einige Augenblicke, ich weiß nicht, wie viele. Der Geist sagte: „Ich habe deine Gebete gehört und deine Tränen gesehen. Du bist jetzt mit dem Heiligen Geist getauft." Dann begannen Stromwellen durch meinen Körper zu fließen, vom Scheitel bis zur Sohle. Die Stromschläge nahmen in ihrer Geschwindigkeit und Stärke zu. Wenn diese Stromschläge durch mich jagten, war es, wie wenn sie auf meinen Kopf kamen, durch meinen Körper flossen und durch meine Füße in den Boden gingen. Die Kraft war so stark, dass mein Körper so intensiv vibrierte, dass ich vielleicht zu Boden gefallen wäre, wenn ich nicht in so einem tiefen, niederen Sessel gesessen hätte.

In diesem Augenblick sah ich, wie mein Freund mir bedeutete, zu ihm zu kommen und mit ihm für die Frau zu beten, die krank war. Weil er so beschäftigt gewesen war, war ihm gar nicht aufgefallen, dass in mir etwas passiert war. Ich erhob mich, um zu ihm zu gehen, doch mein Körper zitterte so gewaltig, dass ich Schwierigkeiten hatte durch das Zimmer zu gehen und besonders das Zittern meiner Hände und Arme zu kontrollieren. Ich wusste, dass es nicht weise war, so meine Hände auf die kranke Frau zu legen, weil ich sie möglicherweise erschrecken könnte. Mir kam der Gedanke, dass es ausreichte, wenn ich mit meinen Fingerspitzen den Kopf der Patientin berührte, dann würden die Vibrationen sie nicht erschüttern. Das tat ich dann. Sofort gingen die Ströme heiliger Kraft durch mein ganzes Sein, und ich weiß, dass sie genauso durch die Kranke hindurch gingen. Sie sprach nicht, doch offensichtlich war sie erstaunt über die Auswirkungen in ihrem Körper.

Mein Freund, der mit seiner großen Ernsthaftigkeit mit ihr gesprochen hatte, kniete, als er mit ihr sprach. Er stand auf und sagte: „Lasst uns beten, dass der Herr dich jetzt heilt!" Dabei nahm er ihre Hand. In dem Moment, als ihre Hände sich berührten, zuckte ein dynamischer Blitz durch mich und durch die kranke Frau. Da mein Freund ihre Hand hielt, ging der Stromschlag durch ihre Hand auf ihn über. Der Kraftstrom, der ihn traf, war so stark, dass er ihn zu Boden fallen ließ. Er blickte mich voller Freude und Verwunderung an, sprang auf seine Füße und sagte: „Preis den Herrn, John, Jesus hat dich mit dem Heiligen Geist getauft!"

Dann nahm er die verkrüppelte Hand, die so viel Jahre lang erstarrt gewesen war. Die geballten Hände öffneten sich und die Gelenke begannen zu funktionieren, zuerst die Finger, dann die Hand und das Handgelenk, dann der Ellbogen und die Schulter.

Das waren die äußerlich sichtbaren Manifestationen. Aber oh! Wer könnte die Schauer unaussprechlicher Freude beschreiben, die durch meinen Geist gingen? Wer könnte den Frieden und die Gegenwart Gottes verstehen, die meine Seele erregten? Selbst jetzt, zehn Jahre später, liegt die Ehrfurcht dieser Stunde immer noch auf meiner Seele. Mein Erlebnis war wirklich so, wie Jesus sagte: *„Das Wasser, das ich ihm gebe, wird in ihm zu einer nie versiegenden Quelle, die unaufhörlich bis ins ewige Leben fließt.“ (Johannes 4,14)* Diese nie versiegende Quelle war Tag und Nacht durch meinen Geist, meine Seele und meinen Körper geflossen und hat vielen Erlösung, Heilung und die Taufe mit dem Geist in der Kraft Gottes gebracht.

Charles Finney

Charles Finney ist einer der großen Erweckungsprediger der amerikanischen Geschichte. Er ist zwar wohlbekannt für die Erweckung und dass er wahre Umkehr predigte, doch nicht alle erkennen in ihm auch den großen Sozialreformer. Die Emanzipation der Sklaven und die Frauenrechte sind zwei Punkte, die durch seine Predigten stark beeinflusst wurden. Die Erweckung brachte die Menschen offensichtlich dazu, sich zu Jesus Christus zu bekehren. Doch sein Ziel ging weit darüber hinaus, als die Kirchen mit neuen Mitgliedern zu füllen. Er wusste, dass eine tiefgreifende, kulturelle Veränderung notwendig war, wenn sein Predigen anhaltende Auswirkungen haben sollte. Alle wahren Prediger des Evangeliums müssen das im Hinterkopf behalten. Doch für das Thema dieses Buches ist seine Geschichte den anderen haushoch überlegen. Er beschreibt dieses außergewöhnliche Erlebnis in seiner Autobiografie.

> Eines Morgens nach dem Frühstück betrat er eine Fabrik. In einem Raum voller junger Frauen, die an ihren Webmaschinen, Webstühlen und Spinnrädern saßen, fielen ihm zwei besonders auf. Sie wirkten etwas aufgewühlt, schienen es jedoch mit ihrem Gelächter zu verstecken. Er sagte nichts, doch er kam näher heran und sah, dass eine so sehr zitterte, dass sie ihren Faden nicht ausbessern konnte. Als er auf etwa 3 Meter an sie heran kam, brachen sie in Tränen aus und sackten in sich zusammen. Innerhalb weniger Augenblicke weinte fast der gesamte Raum voller Arbeiterinnen. Der Besitzer, der selbst noch nicht bekehrt war, erkannte, dass dies ein göttlicher Moment war und ordnete an, dass die Fabrik geschlossen wurde, damit seine Arbeiter die Möglichkeit hatten zu Christus zu kommen. Eine Mini-Erweckung brach aus, die mehrere Tage anhielt. Beinahe die gesamte Mühle bekehrte sich in dieser Zeit. Alles begann mit einem Mann, auf dem der Geist Gottes gerne ruhte. So kam ein Raum voller Arbeiterinnen ohne die Verwendung von Worten unter die Überführung durch den Heiligen Geist, und eine Erweckung begann.

Ein derartiges Ereignis geschah zwar nicht alle Tage, doch ich frage mich, ob der Herr nicht vielleicht versucht, uns in einen größeren Hunger nach mehr hineinzuziehen; jetzt, wo wir wissen, was noch alles möglich ist. Dieses Zeugnis wird von Gott fortgesetzt. Es zeigt, dass Er gewillt ist, die Umgebung derer zu beeinflussen, die Ihn gut aufnehmen.

Smith Wigglesworth

Hier kommt die letzte Geschichte, die auch meine Lieblingsgeschichte in diesem Kapitel ist. Es ist eine meiner Lieblingsgeschichten in der ganzen Kirchengeschichte. Smith war ein Mann Seiner Gegenwart.

> In einer besonderen Nachmittagsveranstaltung waren elf leitende Christen mit unserem Bruder gemeinsam im Gebet. Jeder hatte einen Teil übernommen. Der Evangelist begann für die Gegenwart zu beten, und als die Kraft Gottes den Raum erfüllte, konnten sie nicht in dieser Atmosphäre bleiben, die mit der Kraft Gottes geladen war. Und die Brüder verließen einer nach dem anderen den Raum.
>
> Als der Autor dies von jemandem hörte, der dabei war, bekundete er ein Gelöbnis, dass er, wenn sich ihm die Gelegenheit bot, auf jeden Fall drin bleiben würde, egal wer sonst alles hinaus ging. Während des Aufenthalts in Marlborough Sounds in Neuseeland wurde ein besonderes Treffen einberufen um für die anderen Städte in Neuseeland zu beten, die noch besucht werden sollten. Es trat eine ähnliche Situation wie bei dem anderen Treffen ein. Hier war also die Möglichkeit,

die Herausforderung. Der Wettbewerb begann. Einige beteten. Dann begann der alte Heilige seine Stimme zu erheben, und so komisch es auch klingen mag, aber der Exodus begann. Ein göttlicher Einfluss begann den Ort zu erfüllen. Der Raum wurde heilig. Die Kraft Gottes fühlte sich wie eine schwere Last an. Mit starrem Kinn und der wilden Entschlossenheit sich nicht zu rühren harrte der einzige, der noch im Raum war, aus, bis der Druck zu groß wurde und er nicht länger bleiben konnte. Die Schleusen seiner Seele schütteten Ströme von Tränen aus, und unter unkontrollierbarem Schluchzen musste er entweder hinaus gehen oder sterben. Und ein Mann, der Gott kannte, wie nur wenige Ihn kennen, war alleine, eingetaucht in eine Atmosphäre, in der nur wenige Menschen überhaupt atmen konnten.

Zur Kenntnisnahme

Ich hoffe, es ist Ihnen aufgefallen, dass die Geschichten der tiefen, persönlichen Begegnungen in Ausgießungen, Bewegungen, gesellschaftliche Veränderungen und letztendlich ein größeres Bewusstsein Seiner Gegenwart mündeten. Manchmal betraf das eine Stadt, eine Region oder ein Land. Diese Erlebnisse haben ihr ganzes Leben berührt und letztendlich ihre Umgebung beeinflusst. Die historischen kulturellen Veränderungen geschahen nicht nur, weil jemand ein politisches Amt antrat und gemäß seinen Überzeugungen Veränderungen herbeiführte. Obwohl das auch gut sein kann, gibt es doch etwas, das noch viel besser ist: Seine Gegenwart. Diese gewöhnlichen Menschen wurden nicht wegen ihrer Begabung, ihrer Intelligenz oder ihrer Abstammung zu Glaubenshelden. Sie sind Helden, weil sie den Wert ihres größten Geschenkes – des Heiligen Geistes – kennengelernt haben.

Was nun?

Geschichten wie diese geben mir das Gefühl, ich sei gerade wieder in die Staubwolke auf der Autobahn 5 hineingefahren. Doch diesmal wird mein Blick nicht von der Angst vor einem Unfall auf der Straße gehalten. Was meinen Blick fesselt, ist die Angst, dass ich das Ziel verfehlen könnte, für das Gott mich vorgesehen hat, indem ich mit anderen Dingen beschäftigt bin. Geringeren Dingen. Diese Geschichten sind Zeugnisse, die darüber prophezeien, was Gott uns in unserem Leben zur Verfügung gestellt hat. Als solche schaffen sie einen Präzedenzfall. Der Gerichtshof des Himmels hat ein für allemal beschlossen, dass diese Art von Leben, die von diesen Glaubenshelden dargestellt wird, allen zugänglich ist.

Wir sind diejenigen, auf denen die Verheißungen der Zeitalter ruhen. Doch ihre Erfüllung ist davon abhängig, dass wir als Volk Gottes unsere ewige Bestimmung entdecken. Wir sind dazu erwählt worden, Seine ewige Wohnstätte zu sein. Wir sind dazu erwählt worden, Träger Seiner Gegenwart zu sein.

Bill Johnson ist Pastor der fünften Generation und trägt ein reiches, geistliches Erbe mit sich. Zusammen mit seiner Frau dient Bill einer wachsenden Gruppe von Gemeinden, die sich dem gemeinsamen Ziel verschrieben haben, Erweckung zu erleben. Dieses Leiterschaftsnetzwerk überschreitet Konfessionsgrenzen und knüpft dabei Beziehungen, die Gemeindeleitern helfen sollen, in Reinheit und in Vollmacht zu dienen.

Bill und Brenda (Beni) Johnson sind die Hauptpastoren der Bethel Church in Redding, Kalifornien. Ihre drei Kinder sind allesamt mit ihren Partnern im vollzeitlichen Dienst. Außerdem haben sie neun wunderbare Enkelkinder.

Die übernatürliche Kraft der Vergebung

Kris Vallotton, Jason Vallotton

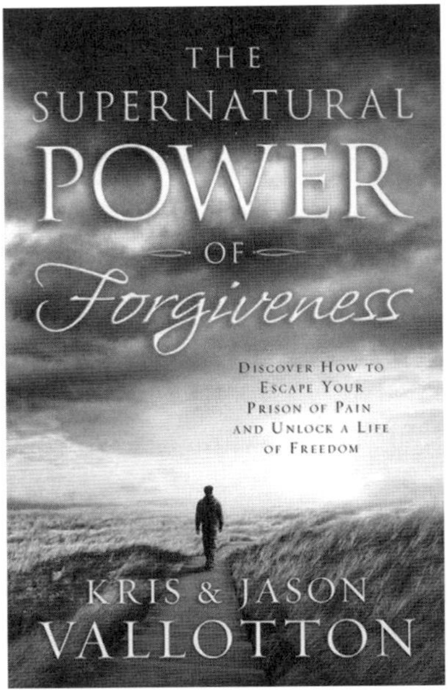

Seiten: 224

Einband: Paperback

Preis: € 13,95/14,40(A)/ CHF 20,95

Gottes Plan ist nicht, dass er jeden Schmerz von den Gläubigen fernhält. Tatsächlich nutzt er schwere Zeiten damit seine Kinder mehr und mehr in ihre Bestimmung hineinfinden.
Jason Valloton dachte, dass die Welt untergeht, als er herausfand, dass sein Frau Heather eine Affäre hat und plante ihn und seine Kinder zu verlassen. Anhand seiner eigenen Geschichte zeigt Jason Vallotton in einer bewegenden Art und Weise wie Gott heilt, und fordert den Leser auf sein Verständnis von Erlösung neu zu definieren.
Zusammen mit seinem Vater Kris Vallotton zeigt Jason wie Gläubige mit schweren Zeiten und tiefsten Verletzungen umgehen können damit Gott die Grundlage für eine vollkommene Wiederherstellung und Befähigung den Weg weiterzugehen legen kann. Es ist schwer emotionale Wunden als ein Geschenk zu sehen, solange sie noch diesen tiefen Schmerz verursachen. Beim Lesen des Buches „Die übernatürliche Kraft der Vergebung" wird der Leser entdecken das Gott nicht nur seine Wunden heilen kann, sondern wie der Prozess der Heilung ihn zu einem ganzheitlichen, erfüllten, und kraftvollen Leben führen wird.

Weitere Informationen unter www.grain-press.de